AF234013

Tu vois icy deux Alexandres
L'Europe n'en cognoit q'vn seul
Ce premier est dans le cercueil
Celluy-cy renait de ses cendres

TEMP[...] LVM HONORIS
PARALLELES DALEXANDRE et de MONSEIGNEVR le Duc DENGVIEN
FORTUNAE HOC OPVS
VIRTVTIS HOC OPVS
A PARIS
Chez CLAVDE MORLOT au
Prieure Sainct Iulien le Pauure
Auec Priu. MD·XLV· du Roy

PARALELLES ET ELOGES HISTORIQVES D'ALEXANDRE LE GRAND,

ET DE MONSEIGNEVR LE PRINCE DVC D'ANGVIEN.

Auec les PLANCHES des plus importantes villes qu'il a reduites en ses quatre Campaignes sous l'obeyssance du Roy.

SECONDE EDITION.

A PARIS,

Chez CLAVDE MORLOT, au Prieuré Sainct Iulien le Pauure.

M. DC. XXXXVII.

Auec Priuilege du Roy.

Que sert-il de louer ce PRINCE Belliqueux
De tous les grands Exploits qui le comblent de gloire,
Que sert-il de parler d'vn Heros si fameux,
Puis qu'en disant son NOM, luy seul fait son Histoire.
P. De la Serre

A MONSEIGNEVR

MONSEIGNEVR

LE PRINCE.

ONSEIGNEVR,

*Ie trauaille tous les iours au Portrait
de* VOSTRE ALTESSE, *pour en
faire present à la Posterité ; & comme
la voix publique m'en a desja donné
le premier Crayon j'oze me persuader*

ā

que mon industrie & mes soins parache-
ueront le reste. Ie ne veux point immi-
ter Apellez; puis que n'ayant iamais
sçeu peindre Alexandre qu'en homme,
tous les Portraits qu'il en a faits ont
couru le sort de leur Original; ie tire-
ray Vostre Altesse auec vn art si
ingenieux, qu'elle treuuera en luy vne
vie, aussi immortelle que vostre Nom.
Ouy Monseignevr ma plume, en
decriuant les miracles de vostre valeur,
qui nous marque aujourd'huy les plus
beaux traits de vostre ressemblance,
vous representera si parfaitement aux
siecles à venir, qu'ils pourront partager
cet auătage, auec le nostre de vous voir,
& de vous admirer à tous momens.

EPISTRE.

Ie sçay bien que vos vertus Heroïques ne luisent que de leur propre
éclat; & qu'elles sont si jalouses de leur
honneur qu'elles seules veulent trauailler à leurs couronnes; Maisquand i'ay
entrepris de parler de VOSTRE AL-
TESSE, i'ay creu que l'excez de monzel-
le excuseroit l'excez de ma temerité,
& qu'estant esleuée par son merite au
dessus des Eloges ! comme elle est par
sa naissáce au dessus de la Fortune, toutes les loüanges que ie luy pourrois donner seroient des témoins du respect que
ie luy doy, plustost que des preuues de la
gloire qui luy est deuë. Ce qui me fait
prendre la hardiesse de suiure mon dessein ; sans autre interest, que celuy d'ho-

ā

norer en la personne de VOSTRE AL-
TESSE, *le plus grand Heros qui fut ia-*
mais. Ce sont les sentimens.

MONSEIGNEVR,

De son tres-humble, tres-obeissant
& tres-fidelle seruiteur,

Puget DE LA SERRE.

AV LECTEVR

IE ne te donne point cet ouurage acheué, par ce qu'il y a tant de choses à faire, qu'on y trouuera tousiours beaucoup à dire. *Quand* ie parle des victoires de ce grand Heros, i'en decris la verité auec si peu d'éclat, que si elle mesme ne se donnoit vn plus beau iour que celuy où ie la mets, on auroit de la peine à la cognoistre; Comment pourrois-je representer dans l'espace de ce Liure les merueilleux Exploits de ce Fameux Conquerant, si l'Europe qui en a esté le témoing, est trop petite pour en estre le Theatre. Ce n'est pas qu'on ait besoing de foy pour croire les miracles de sa valeur! Elle les a rendus si sensibles à nos ennemis, qu'ils ont esté contrains en fuyant de les persuader par tout, pour cacher la honte de leur fuitte. Et c'est cela mesme qui remplissant mon esprit d'etonnement, plustost que de lumiere, ne luy laisse d'autre liberté que celle de cognoistre sa confusion. *Que* si d'vn genie plus hardy, tu veux porter tes pensees au delà de mon imagination, c'est vne Carriere qui t'est ouuerte; Mais sçaches, que comme il n'est point de respect assez sousmis pour honorer dignement la

vertu de cet Illuſtre Vainqueur? tu ne treüueras
ïamais des loüanges proportionées à la reputation
qu'il s'eſt acquiſe. De moy, le ſeul auantage qui me
demeure, en donnant toutes mes veilles à vn Prince ſi glorieux, c'eſt de voir que la Fortune s'eſt enfin
arreſtée à ſes pieds, pour me faire raiſon du temps
que i'ay employé à la ſuiure: Car il y à tant d'honneur à ſeruir ſon ALTESSE que ie trouue
desja m'a recompenſe, en la ſeule qualité que ie
porte de ſon tres-humble, tres-obeyſſant, & tres-
fidelle ſeruiteur.

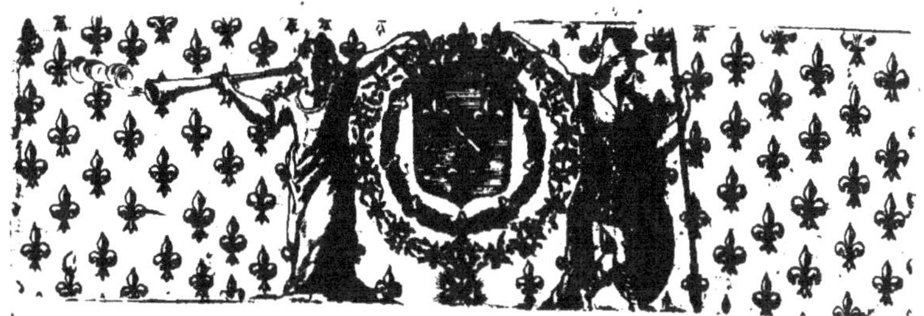

PARALELLES
ET ELOGES HITORIQVES
D'ALEXANDRE
LE GRAND,
ET DE MONSEIGNEVR
LE PRINCE DVC
D'ANGVIEN.

'HISTOIRE nous aprend que les comparaisons des Hommes Illustres, sont tousiours admirables dans les iustes raports, & dans les belles conuenances où elles se treuuent. Ce n'est pas que chasque Heros n'ait ses qualitez particulieres & propres à luy seul;

A

PARALELLES.

mais comme toutes les Vertus se ressemblent,
on ne sçauroit representer l'vn, sans faire le por-
traict de l'autre

Ie ne puis vous faire voir ces veritez plus
sensiblement qu'en la comparaison que ie fay
auiourd huy d'Alexandre le Grand, auec ce fameux Prince. Ces deux Heros, de qui la fortune, quelque orgueilleuse qu'elle soit, a paru
tousiours esclaue, ont tant de raport dans
toutes les eminentes qualitez qui les mettent
hors d'exemple, qu'on ne sçauroit lire l'Histoire de c'et Inuincible Monarque, sans aprendre
la vie de cét Auguste Conquerant.

De vous parler maintenant pour commen-
cer mes Paralelles, de la fameuse Race d'Alexandre, il me suffit de vous dire qu'elle estoit
Royalle de plusieurs siecles, & que les Sceptres &
les Courones estoiēt le partage de ses descēdans.

De vous representer aussi la grandeur de la
Maison de Bourbon, c'est assez la faire cognoistre que de dire son nom, puis qu'elle est illustre
de son origine, & couronnée dans son progrez
des plus superbes couronnes de l'Vniuers.

Alexandre estoit fils de Philippe, vn des plus
grands Roys qui fut iamais; & pour sa valeur &

pour sa prudence, ayant fait voir son courage
inuincible dans la guerre, & sa sagesse inimitable dans la paix.

Olympias sa Mere, de la fameuse Race des
Argiliens estoit fille de Neoptolemus, Roy des
Molosses, la nature l'auoit comblée de tant de
graces, soit pour les qualitez du corps, soit pour
celles de l'esprit, qu'elle eut esté capable de donner de la jalousie aux plus parfaites de son sexe,
si sa naissance & sa condition ne l'eussent renduë
digne dés le berceau, de tous les auantages
qu'elle possedoit.

De vous depeindre les perfections de Mon-
seigneur le Prince, la voix publique m'a preue-
nu, puis que le langage de leurs loüanges est
commun à toutes les nations de la terre. Qui ne
sçait pas que sa prudence sert auiourd'uy d'e-
chol'e à tous les Sages du siecle, & que son courage & son esprit, également admirables, ont
treuué de la veneration au milieu de ses ennemis, aussi bien que des Eloges.

Iamais Prince n'eut plus de probité que luy:
& comme cette vertu luy est naturelle, plustost
qu'acquise, on peut soustenir hardiment que toutes ses inclinations sortant d'vne mesme source,

font auffi illuftres que fa naiffance, & auffi eminentes que fa condition.

Madame la Princeffe me paroit toûte écla-
tante d'honneur, foit dans fon berceau, comme
fille de ce fameux Conneftable de Montmoren-
cy, & fœur de cet incomparable Admiral, dont
la memoire fera venerable à tous les Siecles: foit
dans la qualité qu'elle porte d'Efpoufe, & de
Mere des deux plus grands Princes qui ayent iamais porté couronne.

D'exprimer fon merite, la penfée en eft te-
meraire, par ce que l'entreprife n'en peut eftre
qu'inutille. Ie veux que les plus excellens efprits
du monde s'eftudient à parler d'Elle, tous feront
voir leurs defauts, pluftoft que fes perfections,
puisqu'il faut les cognoiftre parfaitement pour
les loüer de mefme, & cette cognoiffance eft au
deffus de noftre imagination. Mais il fuffit toutesfois pour reüffir en ce deffein que ie reprefente mon impuiffance, fcachant qu'elle fera voir
en quelque forte, la grandeur de l'obiect que ie
m'eftois propofé.

Alexandre naquit le huictiefme de Mars,
on tient qu'en ce mefme iour le Temple de Dia-
ne fut bruflé: comme fi les Dieux n'euffent peu

celebrer dignement la naiſſance de cette Merueille, que par l'embraſement d'vne autre,
puis qu'elle en fit voir le feu de ioye dans ſes
cendres.

MONSEIGNEVR le Duc d'Anguien vint au
monde le huictieſme Septembre en l'année mil
ſix cens vingt-deux, iour également celebre &
au Ciel & à la Terre, par la naiſſance de celle qui
deuoit eſtre Mere du Createur de l'vn, & du
Redempteur de l'autre. Iour de ioye particuliere & pour l'Europe & pour la France, puis que
toutes deux en reſſentent auiourd'huy les feli-
citez, par la valeur de noſtre grand Duc, qui les
en a comblées également.

Alexandre fut nourry en ſa premiere enfan-
ce dans vne fortereſſe qu'on appelloit Thara, à
trente lieuës de ſa Cour, & quatre ans apres il
vint à Pindéville fameuſe, où il fut receu auec
toute ſorte de pompe & de magnificence.

MONSEIGNEVR le Duc paſſa de meſme ſes
quatre premieres années au Chaſteau de Mon-
rond, & fit ſon entrée à Bourges la cinquieſme
de ſon âge, auec tout l'eſclat qu'vne liberalité prodigue peut produire en cette ſorte de rencontres.

A iij

Alexandre eut pour Maiſtres les plus ſçauans hommes du ſiecle, & en cela ils eurent autant de bon-heur que de gloire, puis que cet illuſtre diſciple leur conſerua toute la reputation qu'ils auoit acquiſe, en faiſant profit à eur commun auantage, de tous les ſages preceptes qu'il luy auoient donnez. Mais toutesfois il faut auoüer que le ſeul exemple de Philippes ſon Pere luy ſeruoit d'vn nouueau maiſtre pour luy apprendre à loiſir l'art de regner ſur ſes paſſions, auſſi abſolument que ſur ſes ſuiets.

MONSEIGNEVR le Duc fut inſtruit par les Reuerends Peres Ieſuites, ces ſçauans interpretes des oracles de la vertu, dont ils font des leçons à toute la terre, & l'on cognut en peu de temps, par l'heureux étude de ce fameux Eſcolier, les ſoins vigilans de ſes doctes Precepteurs. Mais ſans mentir les ſages conſeils de Monſeigneur le Prince, ſon Pere, luy ſeruant encore d'vne nouuelle inſtruction, affermiſſoient tous les iours ſon iugement, & éclairoient ſon eſprit en la cognoiſſance de toutes les maximes de pieté, & d'honneur, qu'on doit pratiquer aux yeux de tout le monde.

Iamais adoleſcence ne fut plus belle que celle

d'Alexandre. Tous ses discours estoient serieux, tous ses diuertissemens honnestes, & toutes ses actions remarquables. Il s'entretenoit d'ordinaire auec des Philosophes, ou auec des Ambassadeurs, pour s'instruire de nouueau en se joüant, soit par la Morale des vns, ou par la Politique des autres. Il s'informoit curieusement des Loix & des coustumes qu'on pratiquoit aux pays estrangers, & particulierement de leur façon de combatre, comme s'il eut proietté desia dans son esprit le dessein de leur conqueste.

La premiere ieunesse de MONSEIGNEVR le Duc ne fut pas moins admirable: la viuacité de son esprit, & la force de son iugement paressoient en ses discours, parlant tousiours fort à propos, & ne disant iamais rien d'inutille. Ses actions estoient toutes d'exemple, & ses ébats mesme tenoient tousiours de l'homme, ne pouuant se diuertir auec des personnes de son âge, comme s'il eut voulu employer vtilement son temps en le passant. Il aymoit egalement & les liures & les armes, donnant ses heures à la lecture des vns, & à l'exercice des autres, mais auec vne si grande resignation qu'on pourroit

croire que cette sorte, de diuertissement faisoit
toutes ses delices.

Alexandre ialoux de l'honneur qui se pouuoit acquerir dans les sçiences, ne pouuoit souf-
frir que son maistre Aristote mit en lumiere ses
liures de Philosophie, dans la noble aprehen-
sion où il estoit d'auoir des riuaux, ou plustost
des compagnons d'escole, qui luy en disputas-
sent le prix, ce qui l'attachoit si fort à l'etude,
qu'il cachoit souuent ses liures sous le cheuet
de son lict, pour donner quelque temps de son
sommeil à leur lecture.

MONSEIGNEVR le Duc, animé d'vne
mesme gloire, dans la resolution où il estoit de
se voir esleué aussi haut par sa vertu, que par
sa condition, paressoit si ialoux des auantages
qu'on remporte dans les Colleges qu'il y occu-
poit tousiours les premieres places, comme s'il
eut esté honteux de se voir deuancer dans cette
cariere de Minerue, ou les palmes deuoient
seruir de couronnes aux vainqueurs. Ce qui
l'obligeoit à porter d'ordinaire vn liure auec
soy, pour employer à son étude, les plus belles
heures de son loisir.

Dés l'âge de quinze ans Alexandre aprit à
monter

monter à cheual, mais auec tant d'auantage,
qu'en peu de temps ſes maiſtres deuindrent ſes
diſciples. Il n'eſtoit point de cheual indompta-
ble à l'épreuue de ſon adreſſe, & l'exemple de
Bucephale eſt vn teſmoin irreprochable des
loüanges qu'il a meritées, de la bouche meſme
de ſon Pere, quoy qu'il fut fort retenu à luy en
donner : Mais certes l'occaſion eſtoit ſi belle, &
& le ſuiet ſi iuſte, que ce grand Roy fut contraint, en s'abandonnant à la ioye de la faire
pareſtre publiquement, dans l'eſtime publique
qu'il fit de l'induſtrie & de la hardieſſe tout enſemble de ce ieune Prince, n'ayant pas eu tout
a coup le pouuoir de faire reflexion qu'il eſtoit
ſon fils.

MONSEIGNEVR le Duc ſe rendit de meſme tout à coup ſi ſçauant en l'art de monter à
cheual, que ſes maiſtres ne peurent iamais remarquer le temps de ſon aprentiſage, ſe treuuant ſurpris & étonnez à la premiere leçon
qu'ils luy donnerent. Il eſt vray que ſa riche
taille, ſa bonne grace, & cette noble hardieſſe
qui animoit ſon action dans cet exercice luy
donnoient d'abord vn grand auantage, mais il
faloit toutefois auoüer, que la Nature l'auoit

inſtruit la premiere ſi heureuſement, qu'il ne
portoit que le nom de diſciple. De vous dire
maintenant qu'il dompta vn nouueau Bucephale en preſence de MONSEIGNEVR le Prince ſon Pere, ce ſeroit donner des limites trop eſ-
troites à ſon adreſſe inimitable, puis que cent &
cent fois il a monté en ſa preſence des cheuaux,
qui deuoient faire la derniere épreuue du plus
vieux écholier de l'Academie, & auec tant de
ſuccez, qu'on peut ſouſtenir ſans flatterie, que ſi
MONSEIGNEVR le Prince ne l'en loüoit publiquement, il n'auoit pas moins de raiſon que
Philippe, mais qu'il eſtoit plus diſcret que luy.

Des l'âge de ſeize ans Alexandre fut à la guerre contre les Madariens, où en diuerſes rencontres il fit voir, par la grandeur de ſon courage, &
par la ſageſſe de ſa conduite, que la ieuneſſe peut
eſtre & ſage, & vaillante, ſans experience. En effect ce ieune Prince donna tant de preuues de ſa
valeur, & de ſa prudence, dans ces premiers
coups d'eſſay, qu'on pouuoit ſouſtenir hardiment qu'il eſtoit né tout à la fois & Soldat, &
Capitaine. On le voyoit touſiours en action ou
pour commander ou pour executer, & comme
par vn ſentiment de modeſtie il ſe mesfiet ſou-

uent de luy mefme craignant de faillir, faute
d'experience, dans les ordres qu'il donnoit, les
plus vieux Capitaines de l'armée, c'eftoient fes
confeilliers domeftiques,& il leur rendoit d'ordinaire cette diference,dans fa fouueraineté,de
fuiure leur aduis fans dire le fien. La defaite des
Madariens, auec la ruine de leur ville, fut le
premier tropée de fa premiere victoite, mais
certes on peut dire auffi que la couronne qu'il
en remporta fut hors de prix,puis qu'en l'âge où
il eftoit, fa gloire n'auoit point d'exemple.

Il accompagna encore Philippe fon Pere en
la guerre qu'il eut contre les Grecs,& dans la bataille qu'il leur donna, ce ieune Heros attaqua
le premier fi heureufement la bande des Thebains,qu'on appelloit facrée, que leur feulle defaite fut vn prefage certain de la victoire. Ce-
qui obligea les Macedoniens à partager les
auantages du triomphe, laiffant tout le butin à
Philippe,& donnât tout l'honneur à Alexandre.

A n'en point mentir ce ieune Prince s'abandonnant à fa fortune, fans pouuoir moderer les
efforts de fon courage, fe rendit fi confiderable
de fes ennemis mefme, en ce funefte combat,
que fa reputation quoy que naiffante, eut defia

donné de la jalousie au Roy Philippe, si la nature eut peu permettre qu'vn Pere fut jaloux
de son fils.

MONSEIGNEVR le Duc d'Anguien fut
en mesme âge à la guerre contre les Flamans. Il
se treuua à la bataille, ou l'Amboy fut pris, &
comme c'estoit sa premiere campagne, & son
premier combat, il voulut faire cognoistre à ses
ennemis que les auantages de la nature luy
estoient beaucoup moins considerables dans sa
condition de Prince, que ceux de la guerre dans
la qualité de volontaire. De sorte que se voyant
maistre de sa reputation, & de sa personne, il
hazarda mille fois celle cy, pour establir solide-
ment l'autre.

Quels soins, qu'elle assiduité, & quelle vigi-
lence ne fit-il pas parestre au siege d'Arras. On
le voyoit tous les jours à cheual pour visiter les
quartiers, en cherchant l'occasion de combatre,
& toutes les nuicts dans les trenchées, pour animer les soldats, en mesprisant les perils

Ce Prince estoit tousiours en action soit
pour aprendre son mestier, soit pour instruire
de son exemple, ceux qui vouloient des leçons
d'vn maistre si illustre. Ce qui le rendit peu à

peu ſi ſçauant en l'art de commander, qu'on ſui-
uoit d'ordinaire ſes conſeils , & auec d'autant
plus de raiſon encore, qu'il ne cherchoit jamais
de compagnon pour les executer.

A peine fut-il guery l'année ſuiuante d'vne
grande maladie, qu'il monta à cheual pour aller au ſiege d'Air, quelque reſiſtence que ſçeut
faire MONSEIGNEVR le Prince, pour retarder ſeulement ſon voyage. Et comme il fut ar-
riué à Edin, le Gouuerneur luy ayant repre-
ſenté le danger qu'il y auoit de ioindre l'armée
du Roy, auec le peu de gens qui le ſuiuoient, il
demanda conſeil au Baron de Mont-jeu, Gouuerneur de Ru, & le pria de luy dire, ce qu'il
feroit dans vne pareille rencontre, à quoy ayant
reſpondu pour le ſatisfaire, pluſtoſt que pour le
conſeiller, qu'il courroit le hazard du paſſage,
dans la condition priuée ou il eſtoit. Il luy re-
partit à l'inſtant meſme, qu'il vouloit tenter la
meſme fortune, & qu'il oublioit touſiours ſa
condition, où il y alloit du ſeruice du Roy. De
ſorte qu'il ſuiuit ſon chemin auec ſon eſcorte
ordinaire, teſmoignant par ce genereux meſ-
pris des dangers, que les conſeils d'honneur ſont
des loix inuiolables, & qu'on ne ſe hazarde ia-

mais quand on fait son deuoir.

Ce fut au siege d'Air ou il renouuella ses soins, où il continua ses veilles, dans l employ que luy mesme se donnoit, pour faire tantost le mestier de Soldat, en couchant dans les trenchées, & tantost celuy de Capitaine, paressant le premiere aux attaques, & le denier à la retraite. Et comme son grand courage ne donnoit point d'interualle, à cette fievre de lyon, dont sans cesse il estoit agité dans la guerre, on le voyoit tousiours en action, ou d'executer quelque perilleuse entreprise, ou de persuader le mespris de la vie aux soldats, apres les auoir rendus mille fois tesmoins du peu d'estat qu'il faisoit de la sienne. De sorte qu'on le rencontroit en tous lieux, fors que dans sa tante, puis qu'en vingt-quatre heures, à peine en treuuoit il vne seule pour son repos.

On le vid ensuitte au siege de Lans & de la Bassée, & l'on pouuoit dire en remarquant ses actions, que l'vne ne demantoit iamais l'autre, puis que toutes ensemble estoient animées de ce courage inuincible, & de cette valeur sans exemple, qui font la plus belle & la plus noble partie de luy-mesme.

Certes tout le monde iettoit les yeux sur ce
ieune Prince, foit pour le fuiure ne pouuant l'i-
miter, foit pour l'admirer feulement, ne treuuant point de loüanges qui ne fuffent au def-
fous de fon merite , & dans ce bruit commun
que fa reputation faifoit éclatter en mille lieux,
il ne confideroit que fon deuoir, il ne fuiuoit
que fes fentimens, fans eftre touché que foible-
ment de cette aprobation publique qu'il s'a-
queroit à toute heure.

Alexandre commença fon regne en l'âge de
vingt ans, apres la mort du Roy Philipe fon Pere. La premiere bataille importante qu'il donna
fut contre les Thebains, dont la defaite deplora-
ble, auec la ruine entiere de leur païs, feruit d'exemple à leurs voifins pour fubir les loix du vainqueur, en implorant fa clemēce. Ce n'eft pas que
leur refiftence ne fut auffi grande que leur force:
ce n'eft pas qu'ils ne difputaffent la victoire iufques dans leurs agonies. Ce n'eft pas diray je encore, que leur courage ne parut inuincible dans
la mort mefme, mais comme les Dieux tenoient
le party de cet heureux Monarque , leur iuftice
fut contrainte de couronner fa valeur. Iamais
combat ne fut plus funefte pour les Thebains,

ny plus glorieux pour Alexandre: car sans mentir ce ieune Heros animant son courage à l'object des perils, où il s'engageoit a toute heure,
immoloit en foule à sa noble fureur ses ennemis
desesperez. Ie dy desesperez, puis qu'ayant à
combatre contre vn inuincible, leur defaicte
estoit ineuitable. Chose estrange, à force d'estre
inouye, ce glorieux conquerant fit vn si bel
aprentissage du mestier de la guerre, dans cette
fameuse bataille, qu'il y passa maistre sur le tombeau de ses ennemis.

MONSEIGNEVR le Duc d'Anguien, apres
la mort du feu Roy, de tres glorieuse memoire,
commença son regne dans les armées au mesme
âge de vingt ans, en qualité de General, ayant
esté choisy de sa Maiesté pour commander ses
armes aux Pays-bas: Et tout le monde sçait
l'heureux presage qu'elle donna de ses victoires,
durant sa maladie, pour marque infalible, que
les vœux de l'homme iuste sont tousiours exaucez.

Son premier coup d'Essay le couronne de Gloire,
On le voit triompher aux plaines de Rocroy,
Où Sa Seule Valeur remportant la Victoire
Affermit de Son bras le Trosne de Son Roy.

PREMIERE
CAMPAGNE

A France de qui les esperances encore naiſſantes comme
ſortant à peine du berceau
auec ſon ieune Louys, cherchoit inutilement quelque
conſolation en ſon dernier
malheur, Quand MONSEI-
GNEVR le Duc Danguien, ſuiuant les conſeils & les ordres de ſon Roy mourant, s'en va
celebrer ſes funerailles apres ſa mort, dans le
Camp de ſes ennemis, & ietter à meſme temps
les fondemens du troſne de ſon ieune Suc-
ceſſeur, ſur leur propre ruine. Il s'en va dis-
je à Rocroy, pour donner bataille aux Eſpagnols, qu'il attaque, qu'il combat, qu'il de-

fait, & apres s'estre rendu maiftre de leur camp,
qu'il confole, qu'il foulage, & qu'il pardonne,
pour faire voir à tout l'Vniuers la iuftice de fes
armes, dans la moderation de fon triomphe.
Mais quels miracles ne fait-il pas pour en meriter les couronnes. Tantoft on le void couuert
de poudre & de fang, fendre les plus efpais bataillons des ennemis en cherchant la mort ou la
victoire. Tantoft au milieu d'vn efcadron de
caualerie mettre en fuitte la plus grande partie
par le feul effroy que fon courage inuincible
caufe en tous les lieux où il fe treuue. Icy il agit
de l'efprit, & du iugement, en la preuoyance
des defleins de l'ennemy, & là de la voix & de
la main, pour commander & executer luy-
mefme felon les occurrences, les ordres qu'il
donne. Il ne s'amufe point à haranguer fes
Soldats pour les animer au combat, il s'abandonne feulement le premier dans les perils,
pour leur frayer le chemin de la victoire: les
plus courageux ont beau fe refoudre de l'atten-
dre de pied ferme, ou de luy aller au deuant, fa
feule prefence les met d'abord ou en defordre,
ou en fuitte. S'il leur paroit, c'eft comme vn
éclair qui en menaçant de la foudre en fait

ouyr le bruit, & fouuent en donne l'atainte.
Reprefentez-vous que la feule renommée de
fon Nom, ayant d'elle mefme cette fecrette
vertu d'eftonner les plus courageux à fes aproches, fes regards donnent les premiers coups,
& fon efpée ne treuuant qu'vne foible refiftence, ne fait que des bleffures mortelles. Ce n'eft
pas qu'on ne tire fur luy cent coups de mouf-
quet, mais il faut treuuer fon talon pour blef-
fer cet Achille, & il ne fçait que c'eft de tourner le dos : ce n'eft pas qu'on ne l'ataque fouuent en foule pour vaincre fa valeur par le nombre ; mais ce nouueau Hercule, tire de nouuelles forces de la refiftence qu'il treuue animant
fon courage à la mefure des perils.

Auec quelle diligence & auec quelle
promptitude ne fe porte-t'il pas de nouueau en
tous les diuers lieux, où il croit que fa prefence
eft neceflaire, fon courage & fon iugement
agiffant chacun à fon tour, le font voir tantoft
à la tefte d'vn bataillon d'Infanterie, pour fer-
uir de Capitaiue aux Capitaines mefmes, &
tantoft aux aifles d'vn efcadron de Caualerie
pour donner fes ordres, en fuiuant de prez ceux
qui les doiuent executer.

Il se trouue par tout, par ce qu'il est necessaire en tous lieux : il s'abandonne dans les perils, par ce qu'il en oste la crainte à ceux qui le
suiuent. Il tuë, il blesse, ou renuerse à ses pieds
tous ceux qu'il trouue en son chemin ; & comme si son espée estoit fatale aux ennemis de la
France, elle ne fait point de blessure qui ne soit
mortelle. On l'admire de loin, on le craint de
prez, on tremble à son abord, & il n'est point
d'ennemy, quelque hardy qu'il puisse estre,
qui ne tasche d'éuiter sa rencontre, pour se ga-
rentir de ses coups, Mais quel prodige de fortune & de valeur, la mort le fuit, & il porte la
mort en tous lieux : Tous ses ennemis n'en veulent qu'à luy, & luy seul les attaque, les combat & les defait, ie dis luy seul, considerant son armée, comme vn corps, dont il est
l'ame.

Enfin ce ieune Mars sort triomphant de ce
sanglant combat ou Rocroy est sauué, la France vengée, & l'Espagne punie. Enfin ce grand
Prince gaigne cette importante bataille, où
les quatre generaux sont tuez, blessez, ou mis
en fuitte : dix mille de leurs Soldats demeurez
morts sur la place, & toutes les Cornettes de

leur Caualerie, & les Drapeaux de leur Infanterie abandonnez pour vne partie du butin.

Mais faifons voir maintenant fur ce funefte Theatre des plaines de Rocroy, les Vertus
de ce fameux Vaincqueur, puis qu'il fe def-
couure tout entier à nos yeux, en cette glorieufe victoire. Admirez d'abord fa prudence,
dans le confeil de guerre, où il refoud iudici-
eufement de donner bataille : Confiderez en
fuitte fa valeur dans l'execution de ce mefme
confeil : loüez fa clemence, dans la grace qu'il
donne à tous ceux qui luy demandent la vie :
publiez fa bonté, dans le foulagement qu'il
procure à fes ennemis bleffez : parlez en tous
lieux de fa liberalité, dans les riches prefens
qu'il donne à fes Soldats, de tout le butin qu'il
remporte : cherchez de nouueaux eloges pour
fa magnanimité, dans le genereux mefpris qu'il
fait de toute forte de loüanges. Il eft vray qu'il
eft efleué au deffus d'elles ; Et c'eft ce qui m'o-
blige auffi d'aller plus auant pour voir la fin de
mon entreprife.

Alexandre victorieux & triomphant des
Thebains ne s'en orgueillit point de fa victoi-

re, quoy que tres-importante, & pour l'establif-
fement de fa reputation, & pour celuy du repos de fes fuiects; Il fe fert feulement des auantages qu'elle luy donne, apres auoir faict des
facrifices publics à fes Diuinitez tutelaires.

Il entre en triomphe fur les terres d'Athenes,
où il reçoit en paffant tous les hommages qu'on
doit à vn Souuerain. Ce n'eft pas que les peuples
alarmez du bruit d'vne fi fanglante defaite ne
fuyent d'abord fa rencontre ; mais voyant à la
fin qu'il ne combat que pour la juftice, & pour la
gloire, la plus grande partie fubit fes loix, & re-
cognoit pour fon maiftre, celuy que les Dieux &
la Fortune ont rendu leur vainqueur.

Toute la Grece luy eft ouuerte. Il entre triomphant dans fes Prouinces, & comme les villes les plus importantes ne fe peuuent encore refoudre à tenir fon party, il fe contente de ne treuuer point d'obftacle dans le chemin de fes con-
queftes, & de voir tous les iours à fes pieds des
nouueaux fujets, qui ne luy demandent que la liberté de refpirer fous l'agreable joug de fon empire.

MONSEIGNEVR le Duc d'Anguien n'eut
pas pluftoft gaigné la bataille de Rocroy qu'il

en

en deſtina tous les trophées d'honneur au Dieu
des Armées pour marque de ſa premiere reco-
gnoiſſance, faiſant porter dãs l'Egliſe de noſtre
Dame de Paris, tous les Drappeaux qui luy
eſtoient demeurez pour ſa part du butin. Certes
il faut confeſſer que jamais Prince n'a vſé plus
moderement que luy des droits ſouuerains de
la victoire. Les Priſonniers ſe treuuent libres,
dans leur douce ſeruitude : les bleſſez ſoulagez
dans l'eſperance d'vne prompte gueriſon, & ſi
vne partie des morts eſt priuée de ſepulture, le
grand nombre en fait ſon excuſe, auec le regret
qu'il en a. Les Preſtres & les Religieux ne furent
point cõtez au rang des ennemis, leur cõdition
leur ſeruit de paſſeport. De ſorte que les vaincus
ſe ſentirent obligez de ioindre leurs voix, au
chant de nos triomphes. Mais qu'elle gloire
pour le vainqueur, ſon Nom dans vn inſtant fut
cognu de toutes les nations de la terre, & proferé
par autant de diuerſes langues que la Renommée
a de bouches. Ouy ce fameux Nom D'A N-
GVIEN, eſtant redit mille fois en vn moment
par les Echos des plaines de Rocroy, & porté
dans l'air par toute l'Europe, les Echos des mon-
tagnes de Ceriſolles, ou ce meſme Nom fut

autresfois confacré, le publient de nouueau hautement pour en faire durer le bruit autant qu'elles.

La France en ce mefme iour commence d'ef-
fuyer fes larmes à l'éclat de fes feux de ioye , &
l'Efpagne fe treuue contrainte de prendre le
dueil que nous portions. Le Cambrefy fe voit
en proye : le Henault en danger, & la Flandre à
l'abandon. Aymery cede à fa force, Barlaimont
fubit fes loix , & Baingts treuue fa ruine dans fa
refiftence. Ce Ieune Conquerant maiftre de la
campaigne y fait autant de bruit que la foudre
dans la nuë, & fi l'vn fe fait iour dans l'air, par la
lumiere de fes efclairs , l'autre fe fait voye en
tous lieux, par le feu de fes canons. Les ennemis
ont beau le fuiure de prez pour voir fa demarche
il tient affiegées de fa prefence toutes les plus fortes places, fans faire cognoiftre fon deffein. Bra-
bant eft en alarme, Luxembourg en crainte, &
toutes les autres Prouinces en eftat d'implorer fa
clemence pluftoft qu'exiter fa cholere. Tandis
que l'Europe iette les yeux fur luy comme fur vn
Comete qui paroit fur les Pays-Bas, pour les
menacer, ou de reuolte, ou de ruine, & vous ver-
rez bien toft le coup de cette menace,

Alexandre apres auoir couru toute la Grece,
passe la riuiere de l'Ellespont & entre triomphant dans la ville d'Ilion, De là prenant sa route vers l'Asie, passe encore la riuiere de Granique
à la veuë des ennemis qu'il combat en passant &
les défait sur le riuage , puis sans perdre temps
plante son camp victorieux deuant cette fameuse ville d'Halicarnasse où Memnon vn des plus
grands Capitaines de l'armée des Perses s'estoit
retiré auec vne partie de leurs forces.

Ce fut au siege de cette ville , si forte d'assiete,
de murailles , de soldats , & de munitions, ou
Alexandre voulut faire voir qu'il sçauoit attaquer & prendre les places aussi bien que combatre l'ennemy, & le vaincre en bataille rengée. Ce
n'est pas qu'il ne treuuast vne resistence pareille
à ses forces : ce n'est pas qu'il ne se vit plusieurs
fois contraint d'employer les derniers efforts &
de son courage , & de sa prudence, pour triompher d'vn ennemy resolu à la mort, plustost qu'à
la fuitte. Ce n'est pas diray-ie encore que la Fortune, quelque fauorable qu'elle fut à toutes ses
entreprises, ne luy vendit bien cher la couronne
de cette conqueste, mais il faut confesser aussi
que ses soins & ses veilles, seruant de premiere le-

çon à ſes ſoldats , pour les rendre infatigables
dans les trauaux , & ſans peur en preſence de la
mort meſme, il leur monſtra le chemin qu'il faloit tenir à ſa ſuitte , pour ſe faire bien toſt maiſtre de l'vniuers. Cette ſuperbe Hallicarnaſſe ra-
baiſſa enfin l'orgueil de ſes rempars , iuſques aux
pieds d'Alexandre, puis qu'il en foula la pouſſiere
en y entrant.

THIONVILLE
On me faisoit porter le surnom d'invincible
M'ayant veu triompher de Cent fameux Guerriers
Mais c'et Auguste Prince à qui tout est possible
Changea dans un moment en Cipres mes lauriers

ONSEIGNEVR le
Duc d'Anguien, apres auoir
fait trembler toutes les prouinces des Pays-Bas, au seul
bruit de sa demarche, passe
la Muse à la veuë des Espa-
gnols , & les rend specta-
teurs & tesmoins de la circonuallation qu'il fait
& des trenchées qu'il ouure deuant les murailles de cette inuincible Thionuille. De vous representer maintenant sa valeur dãs les attaques,
sa prudence dans les conseils, & sa fortune dans
le succez de tous les ordres qu'il donne, vous en
lirez les merueilles dans la discription particuliere du siege de cette place. Sçachez seulement
que ce grand Prince estant partagé en autant
de parties qu'il y auoit de Capitaines en son armée, luy seul portoit dans sa teste le soin de tous
ensemble; & exerçoit leur charge en faisant
exactement la sienne. Ie veux que par vne gra-

ce particuliere de la nature, elle l'eut desia fait
viellir dans les armées, en luy donnant la lumiere de l'experience, sans l'aide du temps, il ne
laissoit pas d'estre tousiours en action, soit d'esprit, soit de corps, puis que l'vn conseilloit, ce
que l'autre deuoit faire.

Representez vous en suitte, que sa presence
ayant cette vertu particuliere de donner du
courage aux plus timides, & vne nouuelle hardiesse aux plus courageux, il s'exposoit le premier dans les dangers pour en partager le malheur, ou la gloire. Et c'est le recit de ces belles
actions qui le rend auiourd'huy beaucoup plus
considerable par son merite, que par sa naissance, quelque illustre qu'elle puissent estre.

Certes ie m'imagine qu'il y auoit foule à suiure ce ieune Heros pour l'etudier seulement,
puis que toutes ses paroles & toutes ses actions
estoient dignes de remarque. Le bruit des
mousquets & des canons auoit tant de melo-
die pour ses oreilles, qu'il ne se lassoit iamais
de l'ouyr, & le mespris de la mort luy en auoit
rendu le visage si familier, que le sien ne palis-
soit iamais à sa rencontre.

Considerez en mesme temps, la force des
ennemis

ennemis retranchez & couuerts d'vn rempart
hors descalade : l'assiette auantageuse de la place, fortifiée regulierement, & remplie de munitions de guerre, & en suitte le courage &
l'experience d'vn fidelle Gouuerneur, qui ne se
deffendoit que pour la gloire de son Maistre,
plustost que pour l'interest de sa fortune : Et
apres tirez les consequences des auantages
que remporte ce fameux Prince, d'auoir forcé
ces puissants ennemis dans leurs retranchemens
à receuoir ses ordres, comme vn simple Soldat
de son armée, d'auoir pris cette imprenable
Forteresse, & reduit à sa mercy celuy qui la deffendoit. C'est sur ces solides fondemens que
i'establis auiourd'huy la reputation de ce grand
PRINCE, pour la mettre à l'espreuue & du
Temps, & de l'Enuie.

Alexandre iette les premiers fondemens de
son nouueau trosne sur les ruines de cette fameuse Halicarnasse, & pour faire voir à
ses mal-heureux habitans, qu'en chngeant
de Maistre, il changeoient de fortune à leur
auantage, il leur donne la vie, & leur laisse la
liberté.

MONSEIGNEVR le Duc d'Anguien.
E

s'eſtant fait iour dans les rempars de Thionuille, à la lumiere de ſes canons, s'ouure autant
de portes qu'il y a de breches, & l'ordre de l'aſ-
ſaut general eſtoit deſia donné, quand les habitans touchez du regret de leur inutille reſiſtence, luy portent les clefs de la ville auec cette tres-humble priere d'agreer, & leur repen-
tance, & leur ſoubmiſſion.

Ce Prince touſiours genereux ſe laiſſe perſuader par ces miſerables, la compaſſion d'eux-
meſmes, & faiſant grace à tous enſemble leur
impoſe de ſi douces loix, qu'apres auoir admi-
ré ſa valeur, ils ſont contrains de loüer haute-
tement ſa clemence.

Et comme toutes les vertus ſont enchaiſ-
nées enſemble, ſa Pieté, ſa Continence, & ſa
Iuſtice leur demandent encore des nouueaux
Eloges. Ie dy ſa Pieté, puis qu'on le void auſſi
toſt dans l'Egliſe, que dans la ville, pour rendre le premier hommage de cette conqueſte au
Dieu des victoires: Ie dy ſa Continence, puis
qu'il entre dans l'vne, auec autant de reſpect &
de veneration, que dans l'autre. Et ie dy ſa Iuſtice, puis qu'il l'exerce ſi exactement en faueur
des vaincus, qu'à peine s'entent-ils les chaiſnes

de leur nouuelle feruitude.

Alexandre ne s'eſt pas pluſtoſt rendu maiſtre d'Allicarnaſſe, que toutes les autres villes voiſines attendent le vainqueur à la porte pour luy en offrir les clefs, mais comme ce Conquerant veut des Royaumes entiers pour ſatisfaire ſon ambition, il meſpriſe toutes les couronnes, qu'on luy offre, ſi elles ne ſont de ce prix là. Ses armes victorieuſes portent ſon autorité iuſques à la haute Phrigie, & s'il ne ſe laſſoit deſia de ſuiure ſa fortune, il eſtendroit ſes limites beaucoup plus loin, ſans employer d'autre force que celle de ſon Nom, & de ſa Renommée.

MONSEIGNEVR le Duc d'Adguien Vainqueur de Thionuille, porte ſi loing & ſi heureuſement le bruit de ſes armes, que tout le pays de Luxembourg eſt en branle & à la veille d'vne reuolte, pour ſecoüer le joug de ſa dure captiuité. La reputation de ce ieune Heros à de ſi puiſſans charmes, qu'elle fait des intrigues, & forme des partis en ſa faueur dans les villes ennemies. De ſorte que les Eſpagnols, & les Flamans, quoy que ſujects d'vn meſme Prince, ont de differens ſentimens, quand il s'agiſt de reſiſter à ce fameux

Conquerant. Si les vns prennent les armes, pour
luy deffendre l'entrée des villes, les autres prennent les clefs pour luy en ouurir les portes : Et
comme le party de ceux-cy se trouue le plus fort
il se rend Maistre de Cirque à ses seules aproches.
Apres cette nouuelle cõqueste il repasse la riuiere
& s'en va à la rencõtre de Bec, qui commandoit
vne armée dans le Luxembourg, auec dessein,
ou de l'engager au combat, ou de le contraindre à la fuitte. Ce qui luy reüssit sans auantage,
puis que ce dernier ennemy luy osta en fuyant la
gloire de ioindre les trophées de sa defaite, à ceux
que la mort de ses compagnons luy auoit fait
remporter, dans la bataille de Rocroy. La fin de
ceste campagne fut couronnée du succez de l'entreprise qu'il fit de conduire son armée triomphante iusques au bord du Rein, ou le Mareschal de Guebrian l'attendoit. De là retournant
sur ces pas, il s'en reuint à la Cour, sans faire
bruit, mesme en chemin, comme si par vn ex cez
& de modestie & d'humilité, il eut desia perdu
le souuenir de toute la gloire qu'il auoit meri-
tee.

Il fait son entrée à Paris, sans equipage, & sans
suitte, pour tesmoigner à leurs Majestez qu'il ne

cherche l'honneur du triomphe, apres tant de victoires, que dans les soubmissions & dans les respects qu'il leur vient rendre luy mesme, puis que tout l'esclat qui l'enuironne, procede de la lumiere dont ils sont la source. Et c'est en cette action que ce grand Prince, s'est rendu digne de ce surnom, & de toutes les loüanges qu'on luy a données. Il porte ses couronnes de laurier aux pieds du Roy, ou s'aquittant de son deuoir, il reçoit comme dans vn nouueau Capitole, tous les honneurs qu'on y rendoit autrefois & aux Scipions, & aux Pompées. Ouy cette mescognoissance de sa propre grandeur, & cét oubly volontaire, de tous les Eloges qu'il a si iustement meritez, l'esleuent aujourd'huy si haut, dans l'estime publique, que ie laisse le defy à l'Histoire de nous fournir l'exemple d'vn Prince si parfait que luy.

Qu'on publie hautement la modestie de Scipion l'Africain, quand il refusa du Senat l'honneur du triomphe, apres la conqueste des Espagnes, son interest parut tousiours dans sa modestie, puis qu'il ne refusoit cet auantage que par compliment, pour l'obliger à le luy rendre par raison. Mais MONSEIGNER le Duc d'Anguien, bien loin de souhaiter le mesme honneur, apres tant de victoires, arriue à Paris au defceu de tout le monde, & defcend à la porte du Palais Royal, comme vn fimple Courier. Certes ceux qui ont remarqué fes actions, iugent qu'en cette derniere, fa modeftie & fon humilité, ont acheué la couronne que fes autres vertus auoient commencée pour le combler d'honneur,

Toute la Cour à beau le vifiter chez luy le lendemain de fon arriuée, il reçoit les complimens des vns, & les ciuilitez des autres, auec tant de moderation, qu'il faut deuiner fa ioye. Ce n'eft pas qu'il ne tefmoigne vn extréme contentement, quand on le felicité dēs grand auantages qu'il a remportez fur les ennemis; mais cette fatisfaction ne procede que du repos de fa confcience pour s'eftre acquitté de fon deuoir, en feruant fidelement fon Prince. Si on luy parle de fes combats il en attribuë toute la gloire à Dieu, & tout le bon-heur aux armes du Roy puis qu'il n'a triomphé qu'auec elles. Ce qui le rend admirable aux yeux mefmes de l'enuie, le voyant inuincible contre les apas de cette volupté permife, que la memoire des belles actions produit dans nos ames.

Alexandre toufiours ambitieux d'honneur

né pouuant borner ſes conqueſtes que de l'éten-
duë de toute la terre, ſe reſoud, apres auoir fait
hyuerner ſon armée dans le pays des ennemis,
de ſuiure ſa fortune pour combatre Darius
en perſonne, ou du moins le rendre teſmoin &
ſpectateur du pillage, & de la ruine des princi-
pales villes de la Cilicie. Et du deſſein venant
aux effects, il ſuit le chemin de ſes premieres victoires, & fait entrée dans la forte ville de Soly,
ou apres auoir perſuadé ſes ſoldats d'aller au deuant de ſon ennemy, par la ſeule eloquence de ſa
franchiſe ordinaire, ne forçant perſonne à le ſuiure, Il vient camper auprez de la ville d'Iſſis, où
la reſolution eſt priſe de donner bataille à Darius, ſans conſiderer ſes forces.

Tout reüſſit à ſon auantage, Darius ſe treuue
eſtonné de la preſence d'Alexandre, ou pour
mieux dire de la grandeur de ſon courage, puis
qu'auec trente mille hommes ſeulement, il à la
hardieſſe d'attaquer vne armée beaucoup plus
grande dans ſon camp, retranché de tous coſtez.
Mais comme ce ieune Monarque ne tenoit iamais le conte du nõbre de ſes ennemis que dans
leur defaite, il leur donna bataille apres les auoir
forcez au combat, pour deffendre leurs vies ſeu-

lement, puis que la crainte leur oste d’abord l’esperance de la victoire. Ce n’est pas que dans l’extremité où ils se voye reduits, où de mourir, où de vaincre, les plus lâches ne facent quelque effort pour retarder leur perte ; mais comme ce nom d’Alexãdre, & ce surnom d’inuincible n’est qu’vne mesme chose en leur creance, cette premiere ardeur de courage s’allantit peu à peu, & leur force diminuë à toute heure. De sorte que la plus grande partie sert de victime à la iuste cholere du vainqueur, en expiation du crime de l’auoir excitée. De vous representer maintenant toutes les actions de ce fameux Monarque en cette bataille, soit par le nombre des soldats qu’il a tuez de sa main, soit par les ordres qu’il a donnez & executéz luy-mesme à l’instant, pour prendre son auantage : où soit encore par l’exemple de son abandonnement dans les perils, sçachant la vertu qu’il auoit d’animer les plus timides. Ma plume ne vole pas si haut, il suffit que toutes ces merueilles, & vn nombre infiny d’autres, dont les morts seulement ont esté tesmoins, vous seruent de sujeć d’admiration, à l’auantage de celuy qui les a faites.

FRIBOVRG

Ce Jeune Conquerant, ce foudre de la guerre
Qui ne cherche l'honneur qu'au milieu des hasards
Dans mes retranchemens plus viste q'un tonnerre
Malgré tous mes effors planta ses estandars.

SECONDE
CAMPAGNE

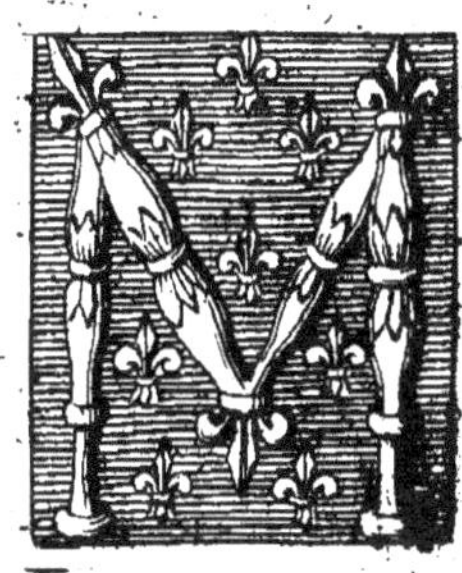

ONSEIGNEVR le Duc d'Angüien sortant vne seconde fois en campagne, aux tristes nouuelles de la mort de Monsieur le Mareschal de Guebrian, pour reparer de sa seule presence, le dommage que la perte de ce grand Capitaine auoit causé, donne le rendez-vous de l'armée auprez de Sedan, où se treuuant des premiers en personne, fait cette Harangue en peu de mots à ses soldats, QVI M'AIME ME SVIVE, dans le dessein qu'il a de passer le Rein, pour faire leuer le siege de Fribourg, & porter les armes du ROY iusques aux extremitez de l'Allemagne.

Admirez la vertu de ces paroles qui font refoudre à l'inftant quinze mille hommes , non
feulement à fuiure ce grand Prince iufques aux
extremitez de l'Allemagne , mais aux extremitez de la terre , fans autre condition que d'auoir
part à fa fortune.

Il ne perfuade pas fes foldats comme Darius,
par l'intereft de leurs femmes , & de leurs enfans , mais pluftoft comme Alexandre, par la
feule confideration de foy-mefme , ne pouuant
fouffrir à fa fuitte que des efclaues volontaires,
enchaifnez par le cœur , pluftoft que par les
mains , ie veux dire par l'amour pluftoft que
par le deuoir.

Il fait rafraichir en paffant fon armée à
Briffac , où ayant nouuelles de la prife de Fribourg il ne laiffe pas de continuer fa marche
pour s'aprocher de l'ennemy , & luy arracher
des mains les lauriers de cette conquefte. Et deflors qu'il a joinct l'armée de Monfieur le Maref.
chal de Turene , à la veuë de Fribourg , il tient
confeil de guerre , où il eft refolu d'vne commune voix qu'on attaqueroit les ennemis , dans
leurs retranchemens. D'abord fon Infanterie
eftant repouffée , il met pied à terre , & auec vne

pique à la main, execute le premier tous les ordres qu'il donne.

Qu'elle gloire à vn Prince & de sa naissance,
& de son aage, de faire le Capitaine pour animer
ses soldats au combat, par la seule force de son
exemple, comme s'il croyoit estre trop foible
pour se faire obeyr en qualité de General, par le
seul pouuoir de son commandement. Les ennemis ont beau immoler deuant ses yeux la plus
grande partie de ceux qui ont l'audace de les
attaquer : son courage qui n'a iamais treuué de
peril assez grand pour retarder d'vn seul moment
ses entreprises, s'augmente à la mesure de leur resistence. Qu'il voye sa cuirasse au trauers la fu-
mée des canons, enfoncée en diuers endroits des
coups de mousquet, rien ne l'estonne, il auance
tousiours, l'horreur des dangers, les cris des mourans, l'effroy des morts, & moins encore la force
redoutable d'vn grand nombre d'ennemis retranchez, ne peuuent le faire songer à la retraite,
la nuict seule, & l'affection qu'il à pour ses soldats, luy font à la fin resoudre. Mais ne croyez
pas qu'apres tant de peines, il goute les dou-
ceur du repos, la vigilance de son esprit l'emporte sur la lassitude de son corps, il ne pense la

nuict qu'aux moyens de vaincre le lendemain
ſes ennemis, & reparer par des nouueaux efforts le dommage qu'il peut auoir encouru par
leur opiniaſtre reſiſtence. En effect dés la pointe du jour, il recommence ſes attaques, &
apres auoir donné ſes ordres en qualité de General, prend la qualité de Capitaine pour la
preſeance, puis celle de ſoldat, pour l'execution. Ce qui luy reüſſit ſi heureuſement, apres
vn long combat, & vne longue reſiſtence, qu'il
ſe rend maiſtre des premiers retranchemens de
l'ennemy, & d'vne partie de leurs forts. La
nuict ſonna encore la retraite pour tout le monde, fors que pour luy ſeul, puis qu'il ne trouue
ſon repos que dans ſa vigilance ordinaire, ſon-
geant touſiours aux moyens de triompher des
ennemys. Et ſes vœux ſont bien toſt exaucez,
puis que le troiſieſme jour s'eſtant engage à vn
combat, il trouue le moyen d'en ſortir victorieux, en jettant ſon baſton de General, comme il faict, au milieu des ennemis: car cette
action extraordinaire, digne de l'admiration
de tous les ſiecles, anime tellement ſes ſoldats
à renouueller leurs attaques, auec tant d'effort
& tant de ſuccez, pour aller à la conqueſte d'v-

nc nouuelle Toifon, dont ce Bafton marquoit le prix, qu'ils fe rendent maiftres à fa fuitte, en peu de temps, de tous les retranchemens, & de tous les forts de l'ennemy, apres auoir mis à mort, ou en fuitte, tout ce qui fe trouue dedans.

C'eft icy où l'on peut voir ce grand Prince à découuert, puis qu'en cette derniere action, fon Courage, fa Valeur, fa Prudence, & fa Fortune fe font admirer également. Ie dy fon Courage fans pareil, puis que l'horreur des perils & l'effroy de la mort n'ont pas le pouuoir feulement de luy faire changer de vifage: Ie dy fa Valeur, mais fans exemple, puis qu'elle feule le perfuade de faire des miracles en forçant des rempars inacceffibles: Ie dy fa Prudence, mais hors de comparaifon, puis que dans vn deffein le plus hardy qui fut iamais, elle luy en a fait voir le fuccez felon fon attente: Et ie dy enfin fa Fortune, mais inouye & toute pleine de merueilles, puis qu'elle le faict fortir tout couuert de fang d'vn combat de trois iours, le plus funefte qui fe puiffe voir', fans bleffure. Confiderez maintenant à loifir la glorieufe inuention dont ce fameux Prince fe fert pour

remporter vne victoire, si long-temps disputée;
il iette son baston de General dans le dernier
fort des ennemis, comme vn prix d'honneur
qu'il expose à l'ambition des plus courageux,
apres s'estre resolu de pretendre luy-mesme à
sa conqueste, pour le meriter deux fois. Chose
estrange, ce Baston à tant de charmes qu'il donne du courage en vn instant à ceux qui n'en ont
point, puis que les plus timides transportez
d'vne fureur qui leur est incogneuë, se font vn
chemin en l'air, s'esleuant au dessus de leurs forces sur la pointe des rochers, dont les pantes
sont autant de precipices. Et leurs efforts prodigieux deuancez par ce grand Prince qui leur
sert de guide, ont vn succez si fauorable que
tout cede à son Destin, où son Courage, se
voyant enfin couronné dans vn dernier combat.

On remarque d'Alexandre, qu'au siege de
la ville d'Oxiadraques, s'estant auancé des premiers à l'escalade des rempars, il ne treuua
point de plus prompt moyen pour se rendre
maistre de la ville, que celuy de se ietter de haut
en bas dedans, sçachant bien que ses soldats se
precipiteroient à l'enuy l'vn de l'autre, comme
ils

ils firent dans le deſſein de vaincre ou de mourir en ſuiuant ſa fortune. Et comme en cette action Alexandre eſt ſon ſeul exemple, on peut dire auſſi de MONSEIGNEVR le Duc d'Anguien, que luy meſme eſt ſon modelle, dans cette ſemblable qu'il a faite, puis qu'en jettant au milieu des ennemis ſon baſton de commandement, qui en cette rencontre eſtoit ſa ſeule marque d'honneur, il s'y ietta de volonté luy-meſme, & il eſt croyable que ſi l'occaſion du choix ſe fuſt offerte, il ſe ſeroit abandonné dans ce glorieux peril, pour en remporter auec les auantages qui nous en demeurent, toutes les iuſtes loüanges qu'on luy a données.

Alexandre vainqueur de Darius, & de la plus grande partie de ſes forces, ſe void maiſtre dans vn inſtant & de Syrie, & de la Phenicie. La ſeule ville de Tyr ſi fameuſe, & pour ſon aſſiette, & pour ſes rempars, voulut eſprouuer à ſa ruine, ſi la renommée de ce Conquerant eſtoit auſſi grande que ſon bruit. Il l'aſſiegea & par mer & par terre, & l'opiniaſtre reſiſtence des ennemis, ne leur fuſt vtile que pour retarder leur perte de quelques

iours. Ce n'est pas que cette ne ville parut
d'abord imprenable à tout le monde : mais
ceux qui faisoient ce iugement ne conside-
roient pas aussi que celuy qui l'assiegeoit estoit
jnuincible.

Philisbourg
Gustave fut deux ans à vaincre ma puissance,
Pour me Soumettre au joug du plus Juste des Roys;
L'Espagnol me reprit, & ce Mars de la France
Par la force en dix jours me remit sous ses Loix.

MONSEIGNEVR le Duc d'Anguien apres auoir defait l'armée de l'Empereur dans les retranchemens de Fribourg, où elle auoit cherché inutillement son azille : Apres dis-je auoir gaigné cétte importante bataille de trois iours de combat, & reduit ses ennemis à l'extremité de se rendre à discretion, entre triomphant dans l'Allemaigne, & assiege d'abord cette fameuse forteresse de Philisbourg, qui seruoit de rempart, & au Palatinat, & à la Bauiere. A voir cette place dans son assiette seulement, les plus grands Capitaines manquoient tousiours d'hardiesse, pour se resoudre à l'attaquer, puis que de tous costez elle leur paroissoit imprenable : Mais MONSEIGNENR le Duc d'Anguien, dont la valeur & la fortune se

rendent touſiours garantes du ſuccez de ſes deſ-
ſeins, ſe fait vn chemin tout nouueau, & pour
l'aſſieger & pour la prendre, apres auoir ouuert
du premier iour ſes trenchées : car à moins de
trois ſemaines il contraint & le Gouuerneur &
les Habitans d'implorer ſa clemence, ne pouuant plus reſiſter à ſa valeur. Cette ſuperbe,
cette inuincible, cette imprenable Philisbourg
qui donnoit le defy à tous les Roys de la terre de
l'attaquer ſeulement, ſe voit forcee dans vingt
iours, par vne armée veritablemēt victorieu-
ſe ; mais dont le ſoldats eſtoient tous laſſez de
tuer, d'ouurir les portes à ce grand D V C
D'ANGVIEN, de peur qu'il n'y entre par la
breſche. Ne vous eſtonnez pas toutesfois de
ces merueilles, celuy qui les a faictes nous en
promet tous les iours de plus grandes.

Le bruit de la priſe de Tyr ſeruoit de nouuelle armée à Alexandre pour conquerir les Prouinces & les Royaumes, ſans employer d'autré
force que celle de la renommée de ſon nom. La
ville de Milet le receut auec des feux de ioye : celle de Menphis auec des aclamations d'allegreſſe, & en ſuitte les plus importantes de l'Egypte
chercherent leur ſeureté dans leur ſoubmiſſion.

Certes tous les peuples fouſpiroient également apres la douce ſeruitude de ce nouueau Monarque, comme tirant vanité d'eſtre au nombre de ſes ſuiects, puis que toute la terre eſtoit le troſne de ſon Empire. Tout le monde venoit en foule au deuant de luy, non pas pour l'attaquer, & moins encore pour ſe deffendre, mais pluſtoſt pour luy rendre hommage en adorant ſes vertus, & toutesfois on pouuoit croire qu'auec toutes ſes forces, & toute ſa fortune, il couroit hazard d'eſtre vaincu par cette ſorte d'ennemis, puis qu'ils ne l'attaquoient, qu'en luy iettant des couronnes à la teſte.

Les nouuelles de la priſe de Philisbourg portent encore ſi loin & ſi heureuſement la Renommée de ſon vainqueur, que l'Allemagne en eſt aux alarmes, Spire ſubit ſes loix auec ſoubmiſſion, Vormes ſe renge de ſon party, Oppenhein luy preſente les clefs de ſes portes, & Mayence le demande pour ſon protecteur. Ce fameux conquerant n'a plus beſoin d'armée dans l'Allemagne, puis que comme vn autre Alexandre il aſſujetit par la ſeule force de ſon nom, tous les diuers peuples qu'il trouue en ſon chemin. Ne croyez pas pourtant que ſa valeur ſeule, quoy qu'inuincible, produife toutes ces merueilles: Sa Clemence & fa Generofité trauaillent égalle-ment à cet ouurage , puis que toutes enfemble font les preparatifs de fes triomphes.

Ie me perfuade qu'il y auoit vn extréme contentement à voir l'entrée triomphante de ce grand Prince dans Mayence, apres y auoir efté fouhaité auec paffion, & attendu auec impatience de tout le peuple. Ce n'eft pas que fon equipage fut magnifique, mais il eftoit tout éclatant d'honneur, comme enrichy des trophées de fes victoires: Ce n'eft pas que fa fuitte fut pompeufe, mais elle eftoit toute brillante de gloire, puis que la Nobleffe qui le fuiuoit n'auoit d'autre ornement que celuy de fes bleffures. Ce n'eft pas diray-je encore que fon armée qu'oy que victorieufe fuft parée des defpoüilles des ennemis, mais pluftoft de leur fang , & cette parure eftoit d'autant plus admirable, qu'elle luy auoit coûté bien cher. De vous dire maintenant auec quelles acclamations d'allegreffe fon Alteffe y fut receuë, quels honneurs on luy rendit, & de combien de feux de ioye on prolongea le iour de fon entrée par leur nouuelle clarté : De vous reprefenter encore la fatisfaction particuliere que les

Dames

Dames eurent de voir à leur aize , vn si ieune
Prince tout chenu d'experience: de contempler
à loisir vn si grand Conquerant à l'entrée de sa
cariere: de considerer à diuerses fois, vn si fameux vainqueur, aux premiers iours de son
prin-temps. Et d'admirer à tous momens, cet
Ouurier de tant de merueilles , ce Faiseur de
miracles, ou pour mieux dire en vn mot,ce fameux DVC D'ANGVIEN, puisque c'est le nom
propre auiourd'huy de tout ce qu'il y a de diuin
en la nature, vostre imagination quoy que plus
eloquente que ma plume,ne vous sçauroit representer qu'vne partie de ce qui en est.

Alexandre tousiours ambitieux d'honneur ne
songeoit iamais qu'à acquerir des nouuelles
Couronnes; comme s'il eut eu ce noble defaut
d'oublier celles qu'il auoit des-ia remportées,&
cette heroïque perfection de souspirer sans cesse
apres la gloire qu'il ne possedoit pas.En effect, il
mesprisoit si fort tous les auantages que sa valeur
huy auoit fait acquerir , qu'on pouuoit croire
qu'il en pretendoit de beaucoup plus grands encore ne pouuant donner des limites à cette grande ambition,dont il estoit iustement anime. Ce
qui augmentoit de plus en plus la passion qu'il

auoit d'en venir encore vne fois aux mains auec les Perfes, apres auoir cognu dans l'experience du combat, que l'afsiette du champ de bataille, ny la force de leur nombre prodigieux n'eftoient pas confiderables pour luy hofter l'efperance fenfible d'vne victoire certaine, puis que le courage leur manquoit, lequel en ces rencontres fait toufiours les preparatifs du triomphe. Et certes leur fuitte continuelle tefmoignoit publiquement leur lacheté & auec d'autant plus d'aparence qu'ils fe méfioient de leur force, quoy qu'elle fut hors de comparaifon. Il eft vray que le bruit de ce nom d'Alexandre efclatoit fi haut à leurs oreilles qu'ils en eftoient reduits dans de continuelles alarmes, comme s'ils n'euffent pû penfer à luy, fans penfer à la mort, puis que fa rencontre leur auoit efté toufiours funefte.

Ils ont beau fuyr toutesfois deuant ce Monarque fur leur propre terre, ils n'ont d'autre liberté que celle de retarder leur perte, & de choifir la place de leur tombeau. Alexandre pourfuit Darius auec tant de viteffe que ce mal-heureux Prince fe trouue à la fin contraint de tourner vifage, apres s'eftre refolu vne dernierre fois de tenter le peril d'vne derniere bataille.

NORLINGHEN
Craignant de ce Heros la force redoutable
Ie voulus triompher de mon propre malheur
Par ma soufmiſſion ie vainquis ce Vainqueur
Et domtay ſans combat ce, courage indomtable

TROISIESME
CAMPAGNE.

ES grands auantages que
MONSEIGNEVR le Duc
d'Anguien auoit remportez
sur les ennemis, dans ses dernieres campagnes, soit en la
bataille de Fribourg, soit en
la prise de Philisbourg, de
Vormes, de Mayance, de Spire, d'Oppenhein,
& de beaucoup d'autres places, luy estoient si
considerables, qu'il souffroit à peine qu'on luy
en renouuellast la memoire, comme s'il eut esté
honteux de tenir conte de ses victoires, & de
ses triomphes à l'entrée de sa cariere, & au premiers iours de son Prin-temps. Ce qui l'obligea de sortir vne troisiesme fois en campagne.

auec deſſein de contraindre l'ennemy, ou a fuyr
touſiours, ou a donner bataille : Et le bon-heur
voulut en faueur de ce Genereux Prince, qu'il
reüſſit en ſon entrepriſe puis que l'armee ennemie decampoit tous les iours à ſes approches,
fuyant deux mois entiers deuant luy, ſans pouuoir trouuer vne aſſiette de camp aſſez auanta-
geuſes pour en venir au combat. Ce n'eſt pas
qu'on puiſſe blaſmer d'abord la conduite des
ennemis, dans la reſolution d'euiter la neceſſité
de donner bataille, apres auoir eſté battus ſi
ſouuent iuſques dans leurs retranchemens; mais
toutesfois il faut auoüer que leur fuitte eſtoit
auſsi imprudente que neceſſaire, puis qu'en di-
minuant leur courage, elle augmentoit celuy
de leur vainqueur. Et la honte de ces fuyards
eſtoit d'autant plus grande, qu'ils abandon-
noient leur pays au pillage, pour retarder ſeulement de quelque peu de iours le malheur de
leur defaite.

Il eſt vray que ce fameux Prince s'eſtoit rendu ſi redoutable en tous lieux, par la grandeur
de ſon courage, que les plus incredules adiou-
ſtoient foy au miracles de ſa valeur, & auec
d'autant plus de raiſon qu'ils n'en pouuoient fai-

re l'epreuue qu'à leur honte, & à leur dommage, puis qu'à son abord l'vn & l'autre estoient
ineuitables. Ce qui autorisoit en quelque façon leur fuitte continuelle; estant timides par
necessité, & sages par experience.

Mais comme la fortune accompagnoit par
tout ce ieune Heros, de mesme que la victoire
le suiuoit, il fut si heureux qu'il laffa ses ennemis
au chemin de leur fuitte, & les obligea à la fin
d'en venir au combat, apres leur auoir donné le
temps de treuuer vn poste si auantageux que
son afsiete augmentoit de beaucoup leurs forces.

Alexandre eut la mesme fortune, reduisant
Darius à l'extremité de donner bataille, apres
vne fuitte de cent lieuës; & certes si cét infortu-
né Monarque ne se fut resolu au combat pour reparer en quelque sorte la honte de reculer touf-
jours deuant vne armée beaucoup plus foible
que la sienne, Alexandre l'eut suiuy iufques aux
extremitez de la terre, quoy qu'il fut desia per-
suadé, que c'est vaincre son ennemy, de le contraindre à la fuitte.

Darius vint camper dans les plaines de Bumo-
dié, afin de mettre au large son armée, croyant

que sa seule veuë auroit cette vertu de vaincre
ses ennemis sans combat ; mais il cognut bien
tost par vne nouuelle experience que la valeur
triomphe du nombre, & que le courage des soldats, fait toute la force de l'armée.

De vous representer icy la ioye d'Alexandre à
la veille du jour du côbat, ce sont des veritez qui
ne se laissent cognoistre, que par ceux qui sont
capables de les ressentir, dans la passion qui les
possede, ou de vaincre, ou de mourir, ne pouuât
trouuer de milieu pour leur repos, entre ces deux
extremitez. Il met son armée en bataille à la veuë
de l'ennemy auec vn si bel ordre, qu'on tire d'a-
bord des fauorables coniectures de l'auantage
qu'il doit remporter de ce dernier combat.

Ne croyez pas aussi que ie vous puisse exprimer la satisfaction particuliere que MONSEI-
GNEVR le Duc d'Anguien reçoit au premieres nouuelles que l'ennemy l'attend de pied ferme pour en venir aux mains : ce sont des plaisirs
dont la nature m'impose silence, n'estant affecté
qu'à vn cœur comme le sien vrayement Royal,
& tout heroïque, Ce Prince a beau estre tout
couuert de Lauriers, il en veut cueillir tous les
iours des nouueaux pour s'en faire des nouuelles

couronnes

Couronnes : Et par ce que celles qu'il defire luy font beaucoup plus agreables que celles qu'il poffede, il a du mefpris pour les vnes, & de l'ambition pour les autres.

Les deux armées de Darius & d'Alexandre eftoient en prefence quand le fignal de la Bataille fe donna pour en venir aux mains. D'abord la meflée fut fanglante & funefte de tous coftez. Mazeus General de la Caualerie Perfienne fe fit iour dans les plus efpais bataillons des Macedoniens, apres le premier defordre que les chariots armez de faux auoient caufé, & la defroute parut fi grande en l'aifle gauche que Clytus qui la commandoit, fe vit tout à coup abandonné fors que des Capitaines & des autres Officiers, qui par honneur fouftenoient en fort petit nombre, les efforts inuincibles des ennemis; ie dis inuincibles, puis qu'ils ne trouuoient plus de refiftence.

Mais Alexandre d'vn autre cofté ayant mis à mort, ou en fuitte l'aifle droite de l'armée de l'ennemy, ou eftoient fes plus grandes forces. La victoire tourna vifage auec les Macedoniens à la honte des Perfes, puis qu'ils ne ioüirent pas long-temps des auantages que la Fortune leur

auoit donnez, pluſtoſt que leur valeur. Ce n'eſt
pas que la reſiſtence ne fuſt grande, & le combat opiniaſtré, par ce que comme le nombre
des Perſes eſtoit prodigieux, la defaite d'vne
partie paroiſſoit ſi peu conſiderable, qu'il faloit
de neceſſité les vaincre continuellement & en
diuers lieux, ou par la force ou par la crainte, les
obligeant à la fuitte, ſi l'on vouloit ſe rendre
maiſtre du champ de bataille. Ce qui reüſsit
à la fin de cette ſorte, par le courage inuincible,
& par la prudence nompareille d'Alexandre.
Car s'eſtant reſolu d'aborder le char ſur lequel
Darius combatoit, quoy qu'il fuſt enuironné
d'vn grand nombre de Princes, tous armez
pour ſa ſeule deffence à leur auantage, il remporta celuy de tuer de ſa main le Cocher qui le
conduiſoit & la cheute de ce Phaëton, auec l'effroy des cheuaux, enuironnez d'vne foule de
corps, agoniſans, ou giſans morts ſur la place,
obligea Darius à ſe ſauuer à la fuitte, ſur le premier cheual qu'il rencontra, & Mazeus ſuiuant
ſon exemple prit le chemin de Babilone, auec
le reſte de ſa Caualerie, abandonnant de la ſorte toute l'Infanterie au ſort des armes.

Alexandre acquit beaucoup d'honneur en

cette victoire, non seulement par sa valeur, s'estant abandonné dans les perils auec vn courage, dont luy mesme estoit son exemple: mais encore, par sa Prudence s'estant porté si à propos dans toutes les occasions, où sa presence estoit necessaire, qu'on eut dit que la Fortune estoit d'intelligence auec son Genie, pour luy faire voir au gré de ses desirs, le succez de toutes ses esperances. Ce n'est pas qu'il n'achetast bien cher les Couronnes de ce triomphe, puis qu'il en couta la vie à deux mille Macedoniens, sans mettre en conte les blessez, qui estoient en plus grand nombre.

La desroute des Perses fut grande, leur malheur extréme, & leur dommage irreparable, quarante mille y demeurerent sur la place; & la crainte & le desespoir n'en blesserent pas moins, mais d'vne attainte mortelle, dans le chemin de leur suitte precipitée, puis qu'à chaque pas ils s'aprochoient du tombeau. La nuict toutesfois leur fut fauorable donnant loisir aux plus heureux, plustost qu'aux plus hardis, de chercher vn port parmy tant d'escueils, où ils peussent retarder de quelque temps seulement, la necessité de leur naufrage.

Les Habitans du bourg d'Arbeilles en porte-
rent le lendemain les clefs au Vainqueur, &
dans peu de iours s'eſtant ouuert le chemin
pour la conqueſte de toute la Perſe, il ne treuua
à ſa rencontre que des eſclaues volontaire, puis
qu'ils venoient en foule au deuant de luy, pour
luy demander & des chaiſnes & des loix.

Il eſt temps de tourner la medaille, & de vous
faire voir noſtre grand Prince Vainqueur &
triomphant vne troiſieſme fois dans la troiſieſme bataille, qu'il donne à ſes ennemis. Il n'eſt
pas pluſtoſt aduerty de la neceſsité où ils ſont
reduits de combatre, par vne trop longue fuitte, comme eſtant deſia à demy vaincus à force
de laſsitude, qu'il leur va au deüant, auec ce
deſſein de les attaquer à ſon ordinaire, iuſques
dans leurs retranchemens.

Des propoſitions il vient aux effets. Il n'a pas
pluſtoſt mis ſes gens en bataille, & donné ſes
ordres pour l'attaque, apres s'eſtre acquité des
pieux deuoirs qu'vn Prince Chreſtien a de cou-
ſtume de pratiquer dans ces funeſtes rencontres, qu'il prie ſon Confeſſeur de faire en ſorte, ſi
Dieu permettoit qu'il fut tué dans ce combat,
qu'on l'enterraſt promptement ſans ceremo-

nie, au pied d'vn arbre, pour cacher sa mort à ses soldats, considerant le desordre que les nouuelles en pourroient causer dans son armée. Admirable Preuoyance, Heroïque magnanimité de porter ses pensées au delà du tombeau, pour la gloire de son Roy, & pour la reputation de ses armes.

Il me souuient à ce propos des dernieres actiõs, toutes glorieuses, & dignes d'vne memoire immortelle, de ce fameux Prince de Condé, Bisayeul de MONSEIGNEVR le Duc d'Anguien L'Histoire remarque qu'estant blessé dans la bataille de Moncoutour, il ne voulut iamais permettre qu'on l'emportast dans sa tante pour le penser; sçachant le pouuoir que sa presence & sa voix auroient encore de persuader ses soldats, ou de vaincre, ou de mourir. Ce Prince prefere tellement l'honnenr à la vie, qu'il oublie l'amour de celle-cy, pour aymer plus passionnement l'autre, puis qu'il employe le temps de sa guerison, aux pensées de rendre son mal incurable, en refusant les remedes, pour remporter ce seul auantage de voir la fin du combat, plustoft que celle de ses iours.

Considerez maintenant les rapors, & les conuenancesqu'il y a entre ces deux Princes, quoy que leurs actiōs soient differētes. Celuy là cher-che en mourant la gloire du triōphe dans le mé-pris de la vie, & celuy-cy, iugeant qu'il couroit hazard d'estre tué des premiers, s'asseure en quel-que sorte du gain de la victoire, par le comman-dement de celer sa mort, puisque les nouuelles de son trespas pourroient causer la defaite de son armée. L'vn dis-ie estant hors de combat, treuue l'inuention de combatre encore, par l'exemple de son courage inuincible, l'autre auant qu'en venir aux mains, fait les preparatifs du triom-phe, par la sage preuoyance du malheur qui luy peut arriuer. Ie vous laisse iuges des loüanges qu'il meritent, pour suiure mon Histoire.

MONSEIGNEVR le DVC D'ANGVIEN n'eut pas plustost tenu ce discours à son Con-fesseur, qu'il donna le signal de la bataille, dont voicy les ordres qui furent gardez de part & d'autre.

Gleen commandoit l'aisle droite de l'arméede l'ennemy, comme Mareschal de Camp de l'Em-pire. Mercy la gauche, auec toute l'armée de Bauiere, & Iean de Vert toute la cauallerie. L'as-siette de leur camp estoit fort auantageux, com-

mandant de deux coſtez par ſon eminence, &
ayant au milieu le village de Donyavert, ou leur
infanterie s'eſtoit retranchée, apres en auoir per-
cé à iour toutes les maiſons, & mis cinq cens
hommes de reſerue dans l'Egliſe, & autant dans
le Cimetiere, où ils furent enterrez ſans y pen-
ſer.

Toute noſtre armée paroiſſoit en bataille ſur
deux lignes. MONSEIGNEVR LE DVC
D'ANGVIEN eſtoit à l'aiſle droite auec
toute ſon armée. Monſieur le Mareſchal de
Grammont, à la teſte de l'infanterie. Monſieur de Marcin derriere luy. Meſſieurs de la
Mouſſé & Arnauld, à la teſte de la Cauallerie. Monſieur de Chabot commandoit le
corps de reſerue, & Monſieur le Mareſchal de
Turenne commandoit l'aiſle gauche auec ſa
Caualerie. L'armée des Heſsiens eſtoit commandée par le General Maior Geis.

Deſlors que le ſignal de la bataille fut donné,
noſtre infanterie alla droit au village, & l'on de-
taſcha les enfans perdus, portant chacun vne
botte de paille pour mettre le feu aux maiſons.
La Caualerie attendoit l'eſpée à la main, le ſuccez de ce deſſein.

Iamãis combat ne fut plus fanglant, ny plus
funeſte de tous coſtez, par ce que comme les ennemis ſe voyoient menacez de la mort, & par
le feu, & par le fer, ils ſe deffendoient ſi puiſſamment de celuy-cy, pour euiter l'autre: qu'ils fai-
ſoient courre la moitié du peril à tous ceux qui
auoient le courage de les attaquer. Vne grelle
de coups de mouſquets ſe faiſoit entendre des
vns auec horreur, & ſentir des autres auec dommage, & la foudre des canons, frapant encore
& les ſens & les eſprits d'vne nouuelle crainte,
on ne pouuoit reſpirer que l'air enfumé de leurs
feux enſouffrez, parmy les alarmes continuelles que les cris des mourans & l'eſtroy des morts
cauſent en ces funeſtes rencontres.

Vne heure ſe paſſa en l'attaque du village, &
durant ce peu de temps, MONSEIGNEVR
LE DVC D'ANGVIEN fit à ſon ordinaire des
choſes incroyables, pour animer également de
ſa preſence, de ſon action, & de ſa voix, cette infanterie, dans les dangers ou luy-meſme l'auoit
conduite. On le voyoit tantoſt dans la foule des
ennemis, paſſer auſſi viſte qu'vn eſclair qui menace de la foudre, puis que ſa veuë eſtoit mortelle, à tous ceux qu'il rencontroit en ſon chemin.

Tantoſt

Tantoſt ayant eu deux cheuaux tuez ſous luy,
on l'admiroit à pied comme vn ſimple ſoldat,
pour ſeruir de Capitaine à ceux qui n'en auoient
plus, apres leur auoir fait vne nouuelle harangue
par ſon ſeul exemple.

Quelle merueille de voir vn ieune Prince tout
couuert de lauriers, en chercher des nouuelles
Couronnes, au milieu des perils, & en preſence
de la mort, ſans que ſes horreurs qui font trembler tout le monde, ayent le pouuoir ſeulement
de luy faire changer de viſage. Il a beau eſtre
bleſſé & au bras & à la cuiſſe, l'ardeur de ſon
courage le rend inſenſible aux douleurs de ſes
bleſſures, ou pour mieux dire, cette noble paſ-
ſion d'acquerir touſiours de la gloire, le poſſede
ſi puiſſamment, qu'il cour à perte d'aleine ou
l'honneur l'apelle, ſans prendre garde au ſang
qui coule de ſes playes, comme s'il eſtoit im-
mortel, auſſi bien qu'inuincible.

Monſieur le Mareſchal de Grammont qui ſui-
uoit de prez ce Prince, à la teſte de l'infanterie,
s'intereſſoit tellement dans la gloire de l'imiter
en ſes plus belles actions, qu'il faiſoit des miracles à ſon exemple. Ce n'eſt pas qu'il ne fut animé de ſa propre valeur, mais comme il auoit la

K

valeur mefme pour object en toutes fes ataques,
& l'vn & l'autre l'obligeoient egalement à faire
des chofes inoüies.

Les ennemis qui auoient leur infanterie en
bataille derriere le village, le rempliffoit à toute
heure de nouueaux foldats, à mefure que les
bleffez ou les morts leur faifoient place, ce qui
augmentoit de beaucoup leur force, & toutesfois les noftres y ayant mis le feu, il les forcent
de l'abandonner, & de chercher ailleurs vne
honteufe retraite.

La premiere ligne de noftre Cauallerie alla attaquer à l'inftant mefme la Cauallerie Baua-
roife, commandée par Iean de Vert & Spar, &
le malheur voulut que la noftre plia; que la fe-
conde ligne en fuitte prit l'efpouuante, & fe
renuerfant fur le corps de referue, toute l'infanterie fut abandonnée.

Les ennemis pousserent noftre Cauallerie, iufques à noftre bagage, qui eftoit à demy-lieuë
du champ de bataille, fans qu'il y eut iamais
moyen de la ralier.

Monfieur le Marefchal de Grammont,
auec tous les principaux Officiers, eftant contraint de payer de fa perfonne, fe deffendit iuf-

ques à l'extremité, sans considerer l'inegalité du combat, dont l'issuë fut beaucoup funeste, puis que la plus grande partie y demeura sur la place, & luy-mesme y fut fait prisonnier.

Monsieur le Mareschal de Turenne, qui estoit d'vn autre costé, & qui obseruoit la contenance de l'ennemy, en attendant que MONSEIGNEVR LE DVC D'ANGVIEN, se fust rendu maistre du village, comme il fit, prit son temps si à propos, qu'il alla fondre auec sa Caualerie Allemande, sur l'armée que commandoit le General Geleen, qui estoit en bataille, sur vne petite eminence. Les ennemis firent leur premiere descharge, mais ces vaillans Hessiens habituez dans les perils, franchirent ce premier sans s'estonner, & suiuant ce grand Mareschal de Turenne, qui leur frayoit le chemin de la victoire, ils en moissonnerent tous les lauriers, apres les auoir trempez dans le sang des ennemis, pour leur dōner plus de lustre. Cette armée fut defaite entierement, & l'on poursuiuit les fuyards, iusques au Danube, où le desespoir auoit preparé leur tombeau, ne pouuant passer plus outre.

Iean de Vert & Spar, reuenant sur leur pas,

pour ioüir des fruicts de leur victoire, se virent tout a coup en estat de seruir eux-mesmes de trophée au Vainqueur, par la defaite de toute leur infanterie Ce qui les obligea de chercher leur salut dans leur fuitte.

* Certes ce fameux Mareschal de Turenne fit voir à son ordinaire, & tant de conduite, & tant de valeur en ce dernier combat, que si MONSEIGNEVR LE DVC D'ANGVIEN ne l'en eut loüé luy mesme publiquement, ie me fusse efforcé de representer en mes termes, vne partie de la gloire qu'il merite.

• Enfin le Dieu des batailles, qui fait tousiours triompher la iustice, rendit victorieux pour la troisiesme fois ce ieune Heros. Ce n'est pas que nous n'ayons acheté bien cher cette victoire, mais la ioye du triomphe à cette vertu, d'effacer bien tost le souuenir des pertes qu'on a faites.

Quatre à cinq mille hommes y demeurent sur la place de part & d'autre. Les Hessiens firent mille prisonniers, & le Colonel Roze-Vorme prit le General Geleen pour son partage. Nous eusmes pour butin vn grand nombre de drapeaux, & douze pieces de canon qui furent les dernieres marques du gain de la bataille.

Ie ne vous representeray pas icy les noms celebres & illuſtres de ceux qui ont eſté bleſſez, faits priſonniers, où qui ſont morts, il me ſuffit de faire leurs Eloges dans l'Hiſtoire, comme le ſeul Theatre, où l'on peut repreſenter auec eſclat la verité de leurs actions, pour en eterniſer la memoire.

MONSEIGNEVR LE DVC D'ANGVIEN, coucha la nuict de ce beau iour dans ſa tante, au milieu du champ de bataille, comme dans vn lict d'honneur, & le lendemain ſuiuant le chemin de ſes victoires, dont la Renommée auoit deſia ſemé le bruit en diuers lieux, les Bourg-Maiſtres de Norlinguen, ſe diſpoſerent à luy porter les clefs des portes, pour ſubir ſes loix.

Tout contribuoit à la gloire de ce fameux Vainqueur, puis que les ennemis meſmes en fuyant publioient par leur eſpouuente, en tous les lieux où ils paſſoient, que la reſiſtence eſtoit inutille, & qu'on n'auoit d'autre choix pour éuiter la mort, ou la ſeruitude, que la fuitte, où la ſouzmiſſion.

Mais quel reuers de Medaille, le Ciel voulut

tout à coup donner des limites aux conqueſtes
de ce Prince, par vne maladie aparemment
mortelle, dont il fut atteint. Certes ie cognus
ſenſiblement aux premieres nouuelles qui en ar-
riuerent, la haute eſtime qu'il s'eſtoit acquiſe
parmy les peuples, puis qu'vn chacun s'intereſſoit dans la ſeule aprehenſion de le perdre, & ce-
ſte crainte eſtoit ſi commune, que les plus indi-
ferens aux affaires du monde, prenoient party
auec ceux qui ne l'eſtoient pas, pour ſe plain-
dre par auance d'vn mal, dont on ne voyoit que
les menaces.

Le bruit de cet accident mit l'Europe en alarme, la France au deſeſpoir, & Paris tout en
dueil, s'eſtant des-ja reſolu à le prendre pour ne
le quitter iamais. Les Plaintes eſtoient publi-
ques auſsi bien que les regrets, & l'on ne voyoit
point de viſage à la Cour qui ne portaſt les marques, du déplaiſir d'vne ſi triſte nouuelle.

Il eſt vray que les vertus Heroïques ont cela
de propre, qu'elles rauiſſent les cœurs auant
qu'eux meſmes ayent la liberté de ſe donner;
parce que comme elles charment d'abord & les
ſens & la raiſon, la volonté n'eſt plus libre au
choix de l'indiference ſeulement, il faut de ne-

ceſſité qu'elle prene le party de l'amour.

MONSEIGNEVR le DVC D'ANGVIEN, nous fait voir l'exemple de ces belles veritez : Sa Valeur & ſa Prudence egallement admirables l'ont eſleué ſi haut, que l'enuie meſme quelque ialouſe qu'elle ſoit, ne luy diſpute plus le rang de Heros, que ſon ſeul merite luy a donné, & i'oſe dire ſans flatterie, qu'en Allemagne les enfans tremblent de reſpect & de crainte, en oyant proferer ce fameux nom D'ANGVIEN, ſuiuant en cela l'exemple de leurs Peres, comme touchez des meſmes ſentimens.

Mais enfin on peut dire que le Ciel exauça dãs vn moment les vœux de toute la terre, puis que tout le monde Chreſtien fit des prieres pour la conualeſcence de ce grand Prince, & il eſt croyable que iamais maladie, ne fut plus contagieuſe que la ſienne ; ſi l'on conſidere le nombre des malades qu'elle fit, à force de regret & de triſteſſe, aux premieres nouuelles qu'on en eut.

Il ſuffit qu'on reuoye Alexandre au ſortir de cette grande maladie, dont Philippe ſon miraculeux Medecin le guerit. C'eſt aſſez dis-je qu'apres tant de larmes qu'on auoit reſpanduës par auance ſur le tombeau de ce grand Duc, on le

contemple à loifir pour l'admirer à noftre ordinaire, & il eft iufte qu'en recognoiffance des
TE-DEVM que fa valeur nous a faits chanter, & de tant de feux de ioye, qu'elle mefme
nous a fait allumer, nous dreffions à l'enuy des
Autels à fa memoire, apres les auoir confacrez à
l'Eternité.

La Fortune qui auoit declaré la guerre la
premiere à Darius, le pourfuit de fi prez, qu'il
eft à la fin contraint de fe rendre, & la feule con-
folation qui luy refte en fa defaite, c'eft que la
mort emporte toute la gloire du triomphe,
puis qu'il meurt de la premiere attainte de fon
dernier mal-heur.

Alexandre verfe des larmes fur fon tombeau; mais ie veux croire que c'eft de regret de
n'auoir pû luy donner la vie, qu'on luy auoit
oftée, afin qu'il mourut fon efclaue, quoy qu'il
ne fuft pas nay fon fuieƈt.

Ce ieune Monarque qui cherchoit toufiours
des nouueaux ennemis à combattre, treuue en
fon chemin les Abiens & les Sogdiens, armez
egalement pour leur deffence, & tous enfemble fe mettent en eftat de luy refifter dans les
plus fortes places, n'ozant paroiftre en campagne

gne deuant vn ennemy, qui ne difputoit plus que par diuertiffement les prix de la victoire, puis qu'ils eftoient affectez à fa valeur.

Il fait deffein, entrant dans leur pays, d'affieger Gaze, ville confiderable, pour porter plus auant auec fuccez fes armes victorieufes. Ce n'eft pas qu'elle ne foit de difficile abord, à caufe des marais, dont elle eft enuironnée, quoy que l'affiette en foit fablonneufe ; mais fon genie luy fugeroit tant d'inuentions pour faire reüiffir fon entreprife, que les plus difficiles changoient de face, deflors qu'il eftoit refolu à les executer.

Il ne paroift pas pluftoft campé auec fon armée deuant cette place, qu'il la fomme de fe rendre, & à fon refus, s'eftant fait vne fuperbe entrée de la ruine de fes rempars, il a malgré luy ce funefte plaifir, de voir immoler deuant fes yeux ces foibles ennemis, de fa reputation, & de fa gloire, à la feule referue des femmes & des enfans, à qui fa clemence ordinaire donne la vie.

L

FVRNES
Ie ne fus son premier ny son dernier Exploit
Son Nom seul me conquit, et quand il m'eut conquise
On douta de nous deux, qui le plus desiroit
Ou luy de me sousmettre, ou Moy d'estre sousmise.

QVATRIESME
CAMPAGNE,

PREZ que MONSEIGNEVR le Duc d'Orleans fut sorty vne seconde fois en campagne, pour aller à la conqueste de Flandre, dont la prise de Graueline, luy auoit donné les clefs, & qu'en peu de iours, il se fut fait maistre de Cortray, à la veuë des ennemis, pour en acroistre la honte. Apres disje, qu'il eut rendu inutile l'industrie des plus sçauans Ingenieurs dans le fort de MardiK, où sa valeur luy fit les preparatifs d'vn second triomphe, il laissa à sa place MONSEIGNEVR LE DVC D'ANGVIEN, comme seul capable de la remplir.

Ce fameux Prince voulant fuiure le chemin des victoires que fon Alteffe Royale luy auoit frayé, fe fait porter, tout malade qu'il eft encore, au milieu de l'armée, pour donner fes ordres. Les premiers, font ceux de fon decampement, dans le deffein d'aller mettre le fiege deuant Furnes. La carte du pays a beau luy faire voir les difficultez qui fe rencontrent en cette entreprife, par le nombre des canaux qu'il faut paffer, auant qu'en faire les aproches. Tous ces obftacles qui femblent grands à tout le monde, paroiffent fi petits à fon iugement, que tenter & franchir le peril qui les enuironne, n'eft en luy qu'vne mefme chofe, puis que malgré l'effort de huict mille hommes, qui en deffendent le paffage. Il fe fait voir, auec fon armée, aux portes de la ville. On la fomme à mefme temps de fe rendre, & fur le refus qu'elle en faict, il la contraint à coups de canons, d'implorer inutilement fa clemence, puis qu'il y entre à difcretion.

Mais toutesfois ces conditions font fi auantageufes, qu'ayant faict prifonniers de guerre deux cens foldats qui fe treuuent dedans, le re-

ſte du peuple n'a que la crainte du mal qu'il
aprehende. Les Loix de diſcretion que ce Prince impoſe, ne ſçauroient eſtre iamais rigoureu-
ſes, par ce qu'il eſt touſiours genereux ; & c'eſt
trouuer en quelque ſorte les moyens de le vaincre, d'aprendre l'art de ſe ſouz.mettre à ſes volontez. Il confirma aux Habitans tous leurs
priuileges, pour leur faire cognoiſtre que le
changement de leur fortune leur ſeroit auſſi vtile que glorieuſe.

On peut cependant remarquer à ſon auantage dans cette nouuelle conqueſte, ſa preuoyance, & ſa ſageſſe au choix de ſon deſſein, ſon
courage, & ſa diligence, en l'execution, ſa
magnanimité, & ſa clemence, dans l'heureux
ſuccez de ſes eſperances, entrant comme par
force dans vne ville ennemie, ſans ſe ſeruir du
droict ſouuerain de ſes armes victorieuſes. Il
donne des Loix de diſcretion ; mais il les reçoit
luy-meſme pour y obeyr, le premier, mettant
en pratique ſes Bontez ordinaires en faueur de
tout le monde.

La priſe de Gaze, ny le chaſtiment exem-
plaire de la reſiſtence inutile des Habitans, ne
pouuant perſuader ceux de leur party, d'implo-

rer la clemence d'Alexandre, ils font deſſein, tous d'vne commune voix, d'eſprouuer encore ſes forces, comme ſi l'experience que leurs compagnons en auoient deſia faite, n'eſtoit pas aſſez funeſte pour en aprehender l'euenement. Ils ſe fortifient de nouueau dans la ville de Cyrus, qui portoit le nom de ſon fondateur, comme dans vne place qui ſe deffendoit d'elle-meſme, ſoit pour l'aſſiette, ou pour le grand nombre d'Habitans, tous ſoldats, dont elle eſtoit peuplée.

Alexandre qui eſtoit aux écoutes pour aprendre de ſi agreables nouuelles, aprehendant touſiours la fuitte des ennemis, pluſtoſt que leur rencontre, aſſiege cette fameuſe ville, auec toutes ſes forces.

Les Barbares qui ne cherchent leur ſalut qu'en leur reſiſtence, ſe deffendent contre ſes attaques, auec tant d'effort, que les ſiens paroiſſent ſouuent inutiles. Il a beau mettre en employ ſes machines de guerre, & promettre aux ſoldats le butin de la ville, pour exciter leurs courages. Cette meſme recompenſe qui anime les vns, fortifie les autres. Ce qui rend le combat ſi ſenglant, & ſi funeſte de toutes parts, que l'eſperance de la victoire se treuue également partagée, puis qu'vn chacun s'en promet les lauriers.

Alexandre qui ne s'est point encore flatté de cette vaine croyance de triompher de tous ses ennemis, tient infalible la defaitte de ceux cy, & d'vn autre costé les Barbares resolus à la mort, plutost qu'a la soubmission, n'ont pas de moindres pretentions pour la victoire. De sorte qu'on auoit sujet de croire que la Fortune s'estoit renduë depositaire des Couronnes du triomphe, pour Couronner les plus heureux plustost que les plus vaillans, puis que les efforts & des vns, & des autres se pouuoient balancer dans leur egalité.

Toutesfois la valeur de ce grand Monarque arrache bientost des mains de cette jnconstante Deesse, ses Lauriers dont elle vouloit couronner le vainqueur : Car ayant treuué heureusement le guay de la Riuiere qui seruoit d'vn costé de rempart à la ville, il fait donner l'assault dans diuers cartiers, pour attirer la plus grãde force des Barbares à la deffence des Murailles, & luy mesme à la teste d'vne partie de son armée passe cette riuiere, & se rend maistre en peu de temps de

la moitié de la ville: je dy de la moitié, par ce
que les Barbares empruntent tant de force de
leur defespoir, fe voyant reduits au choix ou de
la mort, ou de la feruitude, qu'ils rendent leur
defaite commune auec leurs ennemis, puis que
les plus confiderables y font tuez. Alexandre
mefme y eft bleffé, ce qui anime fi fort le courage de fes foldats, qu'ils immolent en foule ces
Barbares aux premiers mouuemens de leur iufte cholere, & inondent la terre de leur fang,
pour affouuir en quelque forte la fureur qui les
poffede.

    Huict mille des ennemis, y demeurent fur la
place, & le refte fe fauue dans le Chafteau, pour
auoir le loifir feulement d'implorer la Clemence
d'Alexandre, en fe rendant à difcretion: ce qui
leur reüffit, puis qu'il leur donne la liberté de vi-
ure fous les nouuelles loix que fa magnanimité
leur impofe.

DVNKERQVE
Si ce Prince en Vingt jours me force de me rendre
L'honneur qui m'en demeure egalle mon malheur,
Tout le monde est remply du bruit de sa valeur,
Qui pourroit resister contre cét Alexandre.

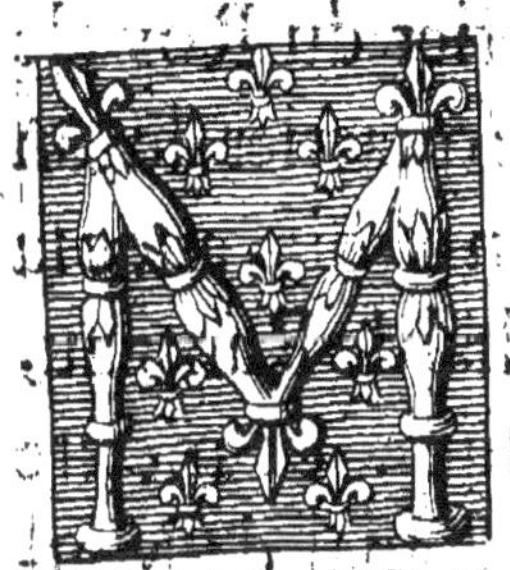

ONSEIGNEVR LE DVC D'ANGVIEN, n'a pas plustoft donné ſes ordres pour la ſeureté de la ville de Furnes, l'ayant laiſſée ſouz la garde du ſieur Bocquet Mareſchal de Bataille, dont la valeur & la Probité, luy eſtoient egalement cognuës, qu'il fait le ſecond project d'yne des plus hautes entrepriſes qu'il eut iamais conceuë: ie dy le ſecond, ayant deſia eu en penſée en aſſiegeant cette place, de paſſer plus auant, & de porter ſes armes iuſques à DuncKerque.

D'abord les nouuelles de ſes aproches mettent tous les Habitans en alarme, ne pouuant conceuoir d'autres penſées que celles de leur perte, puis qu'vn Prince de cette reputation en formoit ſeulement le deſſein. Il arriue le dixneufieſme iour de Septembre deuant cette importante place,

M ij

& dés le lendemain, faict trauailler aux lignes auec vn foin nompareil, & vne diligence extraordinaire, iufques au vingt-quatriefme, qu'on ouure les trenchées.

De vous dire que le camp paroiffoit diuifé en trois quartiers, fçauoir le quartier du Roy, le plus grand de tous, qui eftoit le quartier de fon Alteffe, où le Marefchal Gaffion eftoit, auec fa Brigade. Le quartier du Marefchal de Rantzau, & celuy de Monfieur de Villequier. de mettre encore en auant que depuis le Canal de MardicK, iufques au delà de DuncKerque, du cofté de Neuport on voyoit anchre dix vaiffeaux Hollandois, commandez par l'Admiral Tromp, auec dix Fregates Françoifes, & douze Belandes, toutes ces veritez me femblent inutilles, hors de l'Hiftoire. Il fufit que ie vous reprefente encore vne fois, par vn feul trait de plume, les belles actions que tous ces Grands hommes ont faites, en vous difant que fuiuant l'exemple de ce Fameux Prince, chacun à l'enuy faifoit paroiftre la grandeur de fon courage, pour auoir l'honneur d'eftre couronné de fes mains, puis que fon iugement & fon aprobation y donnoient tous les prix qu'on y pouuoit prétendre.

A prenez seulement de la voix publique, que les dix-huict iours de ce siege, ne furent qu'vn seul iour de bataille, par vn combat continuel, soit pour l'ataque, soit pour la deffence. Que la dispute d'vn pied de terre, coutoit la vie à plusieurs, & que nos soldats routesfois en estoient si prodigues, pour acquerir de l'honneur, qu'ils mesprisoient toute la terre qu'ils gaignoient, si elle n'estoit couuerte, ou de leur sang, ou de celuy des ennemis. Et l'on pouuoit dire que la place de leurs retranchemens, estoit vne place de Cimetiere; si à chasque pas qu'on faisoit en auant, les assiegeans, ou les assiegez y marquoient leur sepulture. De sorte que la mort y estoit aussi presente que la vie: par ce que comme chacun abandonnoit celle-cy, pour courre glorieusement le hazard de l'autre, on ne pouuoit s'asseurer de prolonger ses iours vn seul moment, puis que la presence du peril rendoit tous les momens funestes.

La nuict & le iour ne diferoient point l'vn de l'autre, & pour l'ataque, & pour la deffence, l'alarme estoit continuelle, le combat duroit tousiours, les trauaux s'auançoient sans cesse. Chacun estoit en action dans sa charge, & dans son employ, & ceux mesmes qui dormoient n'estoient pas inutiles, empruntant des nouuelles force de leur repos, pour recommencer leur traüail.

Le bruit effroyable & des canons, & des mousquets se faisoit entendre contiuellement de part, & d'autre ; & comme ce bruit estoit tousiours funeste, on y estoit tousiours occupé, où à retirer les blessez, où emporter les morts, puis qu'à toute heure la place en estoit egalement couuerte.

Les ennemis auoient beau nous resister, à labry de leurs rempars, tandis que les Mineurs en sappient d'vn costé les fondemens, on les forçoit de l'autre, d'en abandonner vne partie, & quelque grande que fust leur resistence, ils ne se deffendoient iamais que pour prolonger de quelque iours seulement leur defaite, puis qu'elle estoit ineuitable, se voyant tousiours reduits à cette extremité de reculer peu à peu, sur leur propre terre, & de ne pouuoir iamais auancer d'vn seul pas, hors de leurs retranchemens.

La gloire seule dans vn combat si sanglant exposoit ses prix a l'ambition des plus braues, & comme les plus timides ne pouuoient se cacher dans vn si grand iour, & à la lumiere de tant de tesmoings, ils estoient contrains de faire par necessité, ce que les autres faisoient par inclination. Tellement qu'on auoit de la peine à remarquer dans la mellée la difference des courages, puis que la honte aussi bien que le deuoir y faisoient les vaillans.

Representez-vous maintenant que durant tout ce temps-là, MONSEIGNEVR LE DVC D'ANGVIEN, n'auoit du repos que celuy qu'il treuuoit en son trauail. De sorte qu'on pouuoit croire de son camp, que c'estoit vne carriere qu'il parcouroit incessamment.

Et comme le Soleil ne laisse pas d'esclairer le monde en son absence, puis que les Astres de nuict empruntent de sa lumiere, tout le iour qu'ils nous donnent. Ce Prince agissoit de mesme partout de sa presence; quoy qu'il fust absent, puis qu'il se faisoit voir tousiours dans l'execution de ses ordres, ne pouuant estre en diuers lieux tout à la fois.

Mais certes on auroit eu vn sensible plaisir à le voir encore, lors qu'il visitoit les quartiers, & les trenchées, de mesme qu'à l'entendre quand il ordonnoit de faire vne batterie, où d'auancer

des trauaux, si en toutes ces differentes actions
il ne se fust exposé dans vns euident peril. Tantost la teste d'vn de ses Valets de pied estoit em-
portée d'vne volée de canon, à deux pas de luy,
& tantost vn coup de mousquet tuoit vn Gen-
tilhomme à ses costez. Ce qui m'oblige de croire, qu'on estoit autaut estonné de cette ferme-
té de courage qui le rendoit insensible à la crainte, parmy ces objects d'horreur, & d'effroy,
que du bon-heur qui l'accompagnoient, au milieu de tant de dangers, aparammét ineuitables.
Car sans reculer d'vn pas, & sans s'esmouuoir
seulement, il continuoit de donner ses ordres,
auec le mesme visage qu'il auoit commencé.
Ce qui la rendoit si admirable, que les plus elo-
quens manquoient de termes pour exprimer la
gloire qui luy est deuë.

En effect, quand ie considere qu'on cher-
che tousiours inutilement le foible de la nature
en ce grand Prince, ne faisant point d'action
qui ne soit heroïque, ie suis contraint de confesser que la moindre de ses qualitez estant beaucoup plus eminente que celle de sa condition,
son merite se treuuera tousiours infiniment esleué au dessus de sa naissance.

Imaginez

Imaginez-vous que comme il ne ſe pique iamais que de la belle gloire, il eſtoit ſi jaloux de ſa reputation, dans cette haute entrepriſe, ou la Prudence & la Valeur l'auoient egalement engagé, qu'il ſe rendoit garent par ſa vigilance, de tous les euenemens qui en pouuoient arriuer. Ce qui nous doit perſuader que luy ſeul aſſiegeoit cette Place, & que luy ſeul la deuoit prendre, quoy que l'armée du Roy fuſt deuant, pour ce que comme elle n'agiſſoit que par ſes ordres ſouueraines, & que c'eſtoit vn corps qui n'auoit d'autre mouuement que celuy de ſes volontez abſoluës, la gloire de cette conqueſte luy ſeroit vn iour ſi propre que l'enuie meſme n'auroit iamais aſſez d'effronterie pour la luy diſputer.

Que ſi vous auez enuie encore de ſçauoir au long, vne partie des merueilles que ce grand Heros a faites, durant ce fameux ſiege, vous n'auez qu'à conter les heures des jours qu'il y a employez : Ie dy vne partie ſeulement, puis qu'a tous momens il faiſoit des choſes incroyables.

Repreſentez-vous qu'on n'a point veu de ce ſiecle vne place attaquée auec plus de courage, ny deffenduë auec plus de valeur, & ie croy m'a-

N

quitter quand ie donne cette loüange au Mar-
quis de Leide, qu'il a fait voir durant ce siege des
nouuelles preuues, quoy qu'inutilles, de l'estime
ou il est par tout: Ie dy inutilles, puis que son merite a desia rendu son nom illustre dans l'Histoire. Certes il faut auoüer que les ennemis se sont
deffendus comme des lions, mais l'on doit con-
fecer aussi, que ces lions ont treuué vn Hercule
qui les a domptez.

C'est trop vous tenir en suspens, enfin les
soins de ce grand Prince sont recompensez,
ses veilles recognuës, & ses exploits Couron-
nez. Ses trauaux s'auancent si fort ; ses batte-
ries font tant de ruines, & ses attaques tuent
tant d'ennemis, que le peu qu'il en reste, pour
estre temoins de sa gloire, se treuuent contraints
de luy ouurir les pottes : ie ne dy pas seulement
de DuncKerque ; mais encore de toute la Flandre.

Iamais le Soleil n'a esclairé la terre d'vn plus
beau iour que celuy de l'entrée de ce grandPrin-
ce, tousiours victorieux, & tousiours triôphant
dans cette ville la plus fameuse en brigandages
de l'Europe. La curiosité de voir son Altesse seu-

lément, eſtoit ſi grande parmy ſes Hahitans,
que leur foule rempliſſoit les ruës.Et ie puis dire,
apres ceux qui en eſtoient teſmoings, que la
Ioye ne ſuiuit iamais de ſi prez la Triſteſſe, ny
les Ris, les Larmes, qu'en cette heureuſe iournée, puis que tout le peuple, d'vne commune
voix, changeant tout à coup & de cœur, & de
viſage, s'abandonnoit à l'allegreſſe par des cris
continuels, qu'elle ſeule animoit.

C'eſt icy où ie m'arette encore, pour vous
faire admirer ce vaillant PRINCE, dans le plus
vif éclat de la gloire qui l'enuironne, ſur le nouueau troſne, dont ſes ſeules vertus ont ietté les
fondemens.Ie ne vous le repreſente plus triomphant aux plaines de Rocroy; quoy que la couronne de cette victoire ſoit hors de prix : Ie ne
vous le fai plus voir aux portes de Tionuille, en
action d'en receuoir les clefs : Ie ne veux pas
vous le depeindre auſſi forçant les retranchemens de Fribourg; Et moins encore entrant
victorieux dans Philisbourg, dans Norlinguen, & dans Furnes; tous ces auantages,
quelques conſiderables qu'ils ſoient, n'ont nul-
le ſorte de rapport, à celuy qu'il s'eſt acquis

luy-mefme auiourd'huy dans la conquefte de DuncKerque, fi en la prenant il femble qu'il ayt engagez à fa fuitte, & la Fortune, & la Victoire, pour vne eternité, n'ayant plus riẽ à defirer de l'vne, ny à efperer de l'autre, puis que toutes deux l'ont desja comblé, & d'honneur, & de felicité.

En effect, que peut-on adioufter à la gloire du Vainqueur de Dunckerque, fi tous les differens peuples de l'Europe, fe treuuant intereffez & de plaifir & d'vtilité dans fa prife, ne font plus des vœux que pour le fuccez des fiens. A n'en point mentir, ce Nom D'ANGVIEN, eft fi cognu par toute la Terre, qu'il n'eft point de nation eftrangere qui n'ait du refpect, & de la veneration pour luy.

Que Pompée, qui fe dit Roy de la Mer, apres en auoir vaincu tous les Pyrathes, face fon entrée triomphante dans Rome, fouz le nom de Neptune, portant pour Sceptre fon Trident. MONSEIGNEVR LE DVC D'ANGVIEN, partage auiourd'huy les couronnes de fon triomphe, puis que par la feule prife d'vne ville, il affuiettit fous fes loix, l'Empire de l'Occean, ayant reduit à fa mercy, tous ceux qui s'en difoient les maiftres.

N'attendez pas que ie vous die maintenant auec qu'elle allegreffe leurs Maieftez, fon Alteffe Royalle,& fon Eminence, receurent la nouuelle de la prife de cette place,ny auec quel plaifir toute la Cour fuiuit le Roy, & la Reyne à noftre Dame, pour y ouyr chanter le TE DE VM: Et moins encore de combien de feux de ioye la nuit de ce beau iour fut éclairée, voftre immagination vous fatisfera beaucoup plus que m'a plume. Sçachez feulemēt que le plus petit vilage de France fefta le iour de cette heuréufe nouuelle, auec des témoignages d'vne allegreffe publique,& i'oze vous affurer encore que ce mefme iour fera marqué de rouge dans nos Calandriers comme vn des plus heureux de ce fiecle. Iour de liberté pour l'Europe, de gloire pour la France,& de frāchife pour tous les autres Royaumes,puifque dans la prife de DuncKerque, l'vne rend libre fon comerce, l'autre agrandit fon Empire, & ceux-cy s'affranchiffent de la feruitude de ces Pyrathes de mer.

MONSEIGNEVR le DVC D'ANGVIEN n'euft pas pluftoft reduit DunckerqueWERQUE fous l'obeif-

fance du Roy, & laiffé en poffefsion de fon gou-
uernement le Marefchal de Rantzau, dont le
merite aufsi bien que les feruices auoient obl-
gez leurs Maieftez à faire choix de fa perfonne,
que fans perdre temps, aü lieu de prendre le chemin de la Coür, pour y receüoir des plus belles
bouches du monde, les plus iuftes loüanges
qu'on y a iamais données, il tourne vifage du
cofté Courtray, dans le deffein de la rauitailler
en perfonne, quelque peril qu'il y ait à courre,
fçachant qu'il y va du feruice du Roy, & de la
conferuation de cette place.

Ce Prince tout degoutant encore de la fueur
de fes trauaux, part de Honfcot, auec vne partie
de l'armée, & prend fa route vers Montcaffel.
Le lendemain l'armée logea à Bailleul, & en
fuitte elle arriua à Vvaruic, où fon Alteffe at-
tendit le cõuoy, auec des nouuelles troupes, qui
la deuoit ioindre, iufques à dix heures du foir, &
fans perdre vn moment de temps, elle mefme
fit defcharger tous les facs des batteaux, & ar-
ranger fur le bord de la riuiere, au mefme ordre que les regimens de Caualerie deuoient
marcher, afin qu'il y eut moins de confufion à

les prendre , & toute la nuict se passa en cet exercice. Le lendemain le cõuoy arriua heureusement à Courtray, sousla vigilante conduite de
ce Prince,& sur l'auis qu'il eut que les ennemis
auoient pris vn poste fort auantageux à Belu-
uel,entre Menin & Ypre, pour s'oposer à son re-
tour, il fit faire en diligence, deux ponts sur le
Lys, &y fit passer l'armée.

Le lendemain son Altesse prit la route vers
Vvaruic, & iugeant que les ennemis pourroient
passer la riuiere à Menin , & l'attaquer sur son
Arriere garde　Ce Prince voulut estre tesmoin
de tous ces dangers qu'il auoit preueus , & à
mesure que son armée passoit sur le pont de
Vvaruic , il la mettoit en bataille , pour la donner , puis qu'il la presentoit.

On demeura toute la nuict sous les armes;
mais certes iamais nuict ne fut plus fascheuse
à passer , dans l'impatience où les soldats
estoient d'en venir aux mains ? & parce qu'ils
suiuoient en cela les sentimens de ce genereux
Prince,ils furent touchez dumesme regret qu'il
eut de se voir contraint à faire retraie, ne pou-

uant empefcher celle des ennemis, comme re-
folus à la fuitte.

Confiderez encore les nouueaux auantages
que ce Grand Prince a remportez dans le fuccez
de cette entreprife, comme vne des plus hardies,
& des plus perilleufes qu'on ait iamais executée,
ayant fait vne fi longue marche, & vne fi belle
retraite, fur les terres des ennemis, auec vne
armée moins forte, que la leur.

Certes i'ofe dire qu'il n'apartiendroit qu'aux
Poëtes, pluftoft qu'aux Hiftoriens, de faire le
recit de toutes ces merueilles; fi les Fables mefmes nous en pouuoient fournir l'exemple; mais
comme ces merueilles font hors de comparaifon; il faut neceffairement qu'elles courent le
hazard, de la foy, où de l'incredulité des fiecles
à venir, quoy que leur aprobation leur foit inutille.

Ie me doute bien que vous ferez curieux d'a-
prendre les careffes que leurs Majeftez, fon Alteffe Royalle, & fon Eminence, firent à ce fameux PRINCE, en arriuant à Paris; mais il
fuffit ce me femble, de vous auoir fait cognoiftre les honneurs qu'il merite, pour vous infor-

mer

mer des honneurs qu'il a receus.

Le peuple de Paris luy fit ses complimens dans les ruës, s'y assemblant en foule, pour luy tesmoigner par la ioye du visage, l'allegresse qu'il portoit dans le cœur, toutes les fois qu'il auoit l'honneur de le voir.

Mais quel reuers de medaille, quel coup de malheur. A peyne ce Prince goutoit les douceurs du repos, que ses trauaux luy auoient aquis, qu'il se sent tout à coup attaint de la plus forte douleur, dont la nature puisse affliger vne ame, par la mort de MONSEIGNEVR LE PRINCE son Pere. Perte si grande pour la Crestienté, que ses plaintes seront continuelles, si importante pour l'Europe, qu'elle emportera eternellement le dueil, & si considerable à la France, que ses larmes ne tariront iamais.

Et ie puis soustenir hardiment que la voix publique m'a sugeré cet Eloge, que ie consacre à sa memoire, en vous asseurant. Que la Nature couronna sa naissance, la Vertu, sa vie, & le „ Ciel sa mort, estant nay Prince du Sang, ayant „ vescu en Heros, & finy ses iours en Chrestien. „ Que sa Pieté seruoit dornement à l'Eglise, sa

„ prudēce d'apuy à l'Eſtat, & ſa probité d'exem-
„ ple à tout le monde. Que la Iuſtice, la valeur,
„ & la Clemence, luy eſtoiēt auſſi propres que la
„ grandeur; & cōme ſes autres qualitez eſtoient
„ ſans nombre, que la gloire qu'il en meritoit, ne
„ ſe peút exprimer. De vous dire le long-temps
„ qu'il a veſcu, les grands hommes ne meurent
„ iamais ieunes, puis qu'on tient conte de leurs
„ années par leurs aĉtions.

Ie laiſſe maintenant mon Prince au milieu
de ſes ennuis, & de ſes triomphes, comme enuironné de Cyprez, dans ſon funeſte dueil, &
tout couuert de Lauriers dans la gloire de ſes
conqueſtes: Mais il faut que ie vous die, que ie
finis cet ouurage en le commençant, puis qu'il
ne vous fait voir que quatre iournées ſeulement
de la vie immortelle de ce ieúne Heros, dans le
recit des merueilles qu'il a faites en ſes quatre
campagnes. Ie vous promets vn ſecond volu-
me, pour ſa cinquieſme iournée, qui ſera ſa cinquieſme Campagne, dans la reſolution où ie
ſuis, en remarquant ſes belles aĉtions de les cō-
ſacrer à la poſterité, Voyez encore en petit le
Portrait de ce grand Prince.

Sa reputation le fait confiderer en tous lieux,
fa condition l'y fait honorer, fa valeur l'y fait
craindre, & fa bonté l'y fait aimer. On ne le peut
voir fans admiration, on ne fçauroit le cognoiftre fans amour. Les plus fages l'etudient pour
fe conferuer en cette eftime, & les plus grands
Capitaines lifẽt l'hiftoire de fa vie, pour immor-
talifer la leur en l'imitant. Quand on veut donner de la vanité à quelque Prince, on le compa-
re a luy, & quoy que nous ayent dit les Ro-
mains, il n'eft point auiourd'huy d'autre chemin, pour aller du Temple de la Vertu, au Temple de la Gloire, que celuy qu'il a tenu. Ce qui
me perfuade, que fi les grands hommes ne viuent
que pour la pofterité, ce ieune Heros fera l'entre-
tien & les delices des fiecles à venir, apres auoir
efté la merueille, & l'ornement du noftre.

Mais confiderez encore en lifant ces veritez,
que ie ne vous reprefente ce fameux Prince,
qu'en porfil, puis que l'image de fon interieur
nous cache les plus beaux traits de fa refemblan-
ce. Iugez fi tous ces grands deffeins qu'il a fi heureufement executez ne font pas autant de pen-

fées de fon efprit incomparable, imaginez-vous
fi toutes fes hautes generofitez qu'il a faites en
fecret, ne nous reprefentent pas au vif les nobles
fentimens de fon cœur, vraiment Royal & tout
Heroïque. Ne croyez vous point encore que
toutes fes glorieufes actions, dont le bruit a remply toute l'Europe, nous font voir les plus pures
expreffions de fa belle ame, puis qu'elles font egalement immortelles. Certes il faut auoüer que la
lumiere de fon efprit, a fes eclairs pour nous
éblouïr, quand on veut s'efleuer iufques à fa cognoiffance? que la force de fon iugement à cette
vertu d'afoiblir la noftre; toutes les fois qu'on
veut mefurer fa grandeur, & que toutes les autres qualitez qu'il poffede, font de la nature des
chofes qui fe font admirer, fans fe laiffer cognoiftre. Combien de penfées auffi belles que fa vie,
& auffi nobles que fa naiffance, a t'il conceuës,
& enfantées à l'honneur de la France, & à l'a-
uantage de fes peuples, qui n'ont eu que Dieu
feul pour iuge, & fa memoire pour tefmoing.
Combien de deffeins glorieux qui n'auoient
que le feruice du Roy pour motif, & pour obiect, a t'il heureufement executez en fecret,

pour se satisfaire soy-mesme le premier, en s'a-
quittant d'vn deuoir si iuste. Et c'est ce grand
Prince interieur; c'est ce nouuel Heros in-
cognu & caché, qu'il faut encore admirer,
comme vne merueille estrangere aux siecles pas-
sez, aussi bien qu'au nostre. C'est ce Grand
Dvc d'Angvien, qu'il faut chercher au
fonds de son cœur, pour l'admirer continuellement & pour en conseruer auec respect, & auec
veneration l'image dans nos ames. De moy
i'en cheris si fort la belle ydée que i'en ay con-
çeuë, que le temps ny la mort ne l'effaceront iamais de mon imagination; & le serment solem-
nel que i'en fay, marquera icy les derniers traits
de ma plume.

FIN.